♫ K-POP

画

NS

KOREAN ONE PHRASE

今すぐ使いたい

韓国語 ひとこと フレーズ集

著 **宍戸奈美**

KADOKAWA

INTRODUCITON

はじめに

たくさんの韓国語教材から、本書を手に取っていただき本当に
ありがとうございます。

以前出版させていただいた『K-POP 動画 SNS これが知りた
かった！韓国語単語集』がさらにレベルアップし、テレビ、
SNS、K-POP、動画で実際に使われているフレーズばかりをま
とめました。

単語よりフレーズのほうが難しく感じる方も多いと思います。
ですが、実際に「聞いたことある！」「言ってみたいと思って
た！」と感じるフレーズはテンションがあがりますよね。その
気持ちを持てるなら、フレーズも楽しく覚えられるはず！

「これって実際に使うの？」と疑ってしまうようなお決まりの
フレーズを覚える勉強はもうやめましょう。
"好きこそ物の上手なれ"。勉強は、好きなことから始めればい
いのです。

初心者のあなたも、上級者のあなたも、"推し"や、あの"俳優"
が言っていたフレーズから勉強を楽しんでみませんか？

本書の使い方

本書は韓国エンタメに特化したフレーズ集です。他の学習書にはないSNS用語、略語、流行語なども盛りだくさん！　楽しんで学習できる、今すぐ使いたくなる表現ばかりを集めました。

① このまま使うだけで伝わる！

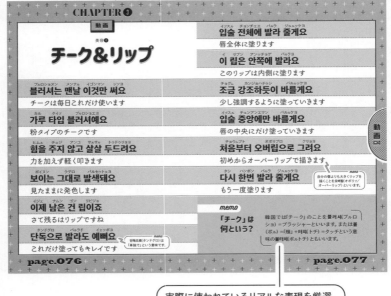

実際に使われているリアルな表現を厳選。
雑学や豆知識をメモにして掲載。

② コラムやハングルの説明も充実

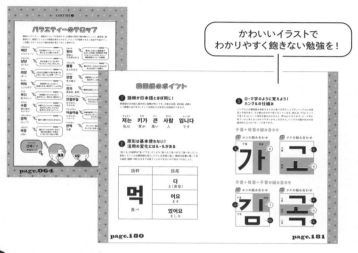

かわいいイラストで
わかりやすく飽きない勉強を！

page.064

page.180

page.181

③ 日本語から引けるさくいんで「これ、言いたかった！」な表現を探して

CONTENTS

CHAPTER ①
基本

CHAPTER ②
テレビ

CHAPTER ③
動画

CHAPTER ④
K-POP

COLUMN ④

CHAPTER ⑤
SNS

CHAPTER 6
V LIVE

CHAPTER ⑦
ハングルの説明

STAFF

デザイン／佐藤ジョウタ+香川サラサ (iroiroinc.)

イラスト／ふじたくるみ

校正／韓興鉄・(株)文字工房燦光

DTP／株式会社三光デジプロ

編集協力／omo!

CHAPTER

1

基本

基本

あいさつ・自己紹介

처음 뵙겠습니다
はじめまして

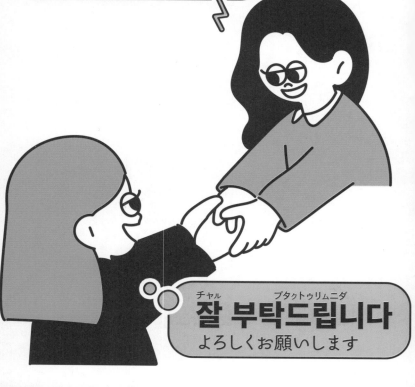

잘 부탁드립니다
よろしくお願いします

안녕하세요 アンニョンハセヨ

> memo
> カジュアルな表現では 안녕(アンニョン) といいます。

おはようございます／こんにちは／こんばんは

오랜만이에요 オレンマニエヨ

お久しぶりです

잘 지내세요? チャル チネセヨ

お元気ですか?

식사하셨어요? シクサハショッソヨ

> memo
> 韓国では食を重視している ので、ごはんを食べたか聞く ことがあいさつになります。

お食事されましたか?

감사합니다 カムサハムニダ

> memo
> カジュアルな表現では 고마워요(コマウォヨ) といいます。

ありがとうございます

죄송합니다 チェソンハムニダ

すみません

미안해요 ミアネヨ

ごめんなさい

괜찮아요 クェンチャナヨ

大丈夫です

基本

CHAPTER ❶

반갑습니다
<ruby>반<rt>パン</rt></ruby>갑습니다 <small>パンガプスムニダ</small>

お会いできてうれしいです

제 이름은 김태우라고 합니다
<small>チェ イルムン キムテウラゴ ハムニダ</small>

私の名前はキムテウといいます

다녀오겠습니다
<small>タニョオゲッスムニダ</small>

いってきます

다녀오세요
<small>タニョオセヨ</small>

いってらっしゃい

다녀왔습니다
<small>タニョワッスムニダ</small>

ただいま

다녀오셨어요?
<small>タニョオショッソヨ</small>

おかえりなさい

> **memo**
> タメ口では왔어?
> （ワッソ）=「来た?」
> を使います。

안녕히 주무세요
<small>アンニョンヒ チュムセヨ</small>

おやすみなさい

> **memo**
> 「おやすみ」は잘 자요
> （チャル チャヨ）と
> いいます。

안녕히 가세요 / 안녕히 계세요
<small>アンニョンヒ カセヨ アンニョンヒ ケセヨ</small>

さようなら

> **memo**
> その場を立ち去る人には
> スラッシュを挟んで左、
> とどまる人には右の
> 表現を使います。

일본 사람이에요
イルボン　　　サラミエヨ

日本人です

생일은 3월 4일이에요
センイルン　サムォル　　サイリエヨ

誕生日は3月4日です

94년생이에요
クシプサニョンセンイエヨ

> **memo**
> 韓国では年齢でなく
> 生まれ年を聞かれる
> ことも多いです。

94年生まれです

나이는 스물여섯 살이에요
ナイヌン　　スムルリョソッ　　サリエヨ

年は26歳です

> **memo**
> 韓国では満年齢よりも数え年が
> 一般的。生まれた日から1歳で、年が
> 明けるときにも全員が歳をとります。

직업은 회사원이에요
チゴブン　　フェサウォニエヨ

職業は会社員です

도쿄에 살고 있어요
トキョエ　　サルゴ　イッショ

東京に住んでいます

혈액형은 B형이에요
ヒョレキョンウン　　ビヒョンイエヨ

血液型はB型です

특기는 딱히 없어요
トゥッキヌン　ッタキ　オプソヨ

特技は特にありません

基本

CHAPTER ❶

취미는 음악을 듣는 것이에요
チュイミヌン ウマグル トゥンヌン ゴシエヨ

趣味は音楽を聴くことです

지금 케이팝에 빠져 있어요
チグム ケイパペ ッパジョ イッソヨ

今、K-POPにハマっています

공부하게 된 계기는 드라마예요
コンブハゲ トェン ケギヌン ドゥラマエヨ

勉強するようになったきっかけはドラマです

한국어를 공부한 지 1년이 됐어요
ハングゴルル コンブハン ジ イルリョニ ドェッソヨ

韓国語を勉強して1年が経ちました

조금 알아들을 수 있어요
チョグム アラドゥルル ッス イッソヨ

少し聞き取ることができます

자막없이 알아듣는 게 제 목표예요
チャマゴプシ アラドゥンヌン ゲ チェ モクピョエヨ

字幕なしで聞き取るのが私の目標です

한국 문화에 관심이 많아요
ハングン ムヌァエ クァンシミ マナヨ

韓国の文化に興味があります

문화를 직접 느끼고 싶어요
ムヌァルル チクチョプ ヌッキゴ シポヨ

文化を直接感じたいです

ハングク チングルル マンドゥルゴ シポヨ
한국 친구를 만들고 싶어요

韓国の友達を作りたいです

チョハンテ ハングゴルル カルチョ ジュセヨ
저한테 한국어를 가르쳐 주세요

私に韓国語を教えてください

テシネ イルボノルル カルチョ ドゥリルッケヨ
대신에 일본어를 가르쳐 드릴게요

代わりに日本語を教えてさしあげます

マヌン サラムドゥリラン チネジゴ シポヨ
많은 사람들이랑 친해지고 싶어요

たくさんの人と親しくなりたいです

マル ピョナゲ ハセヨ
말 편하게 하세요

> **memo**
> 「堅い言葉を使わずタメロで気楽に話してください」と伝えたいときに。

気楽に話してください

ハングゲ ユハク カゴ シポヨ
한국에 유학 가고 싶어요

韓国に留学したいです

オンジェンガヌン ハングゲ サルゴ シポヨ
언젠가는 한국에 살고 싶어요

いつかは韓国に住みたいです

チナゲ チネゴ シポヨ
친하게 지내고 싶어요

> **memo**
> 直訳だと「親しくしたいです」という意味。「仲良くしましょう」は친하게 지내요(チナゲ チネヨ)。

ぜひ仲良くしてください

基本

CHAPTER ❶

基本

質問と依頼

얼마예요?
<small>オルマエヨ</small>

いくらですか?

콘서트 언제 시작해요?
<small>コンソトゥ　オンジェ　シジャケヨ</small>

コンサート開始はいつですか?

화장실이 어디예요?
<small>ファジャンシリ　オディエヨ</small>

トイレはどこですか?

티켓 있어요? / 없어요?
<small>ティケッ　イッソヨ　オプソヨ</small>

チケットありますか?/ないですか?

몇 살이세요?
<small>ミョッ　サリセヨ</small>

おいくつですか?

> **memo**
> 몇년생이에요?(ミョンニョンセンイエヨ)
> =「何年生まれですか?」と生まれ年
> を尋ねることも。

이건 뭐예요?
<small>イゴン　ムオエヨ</small>

これはなんですか?

왜요?
ウェヨ

なぜですか?

질문해도 돼요?
チルムネド *ドェヨ*

質問してもいいですか?

이거 주세요
イゴ *ジュセヨ*

これください

잊지 마세요
イッチ *マセヨ*

忘れないでください

조금만 기다려 주세요
チョグムマン *キダリョ* *ジュセヨ*

少しだけ待ってください

사진 찍어 주시겠어요?
サジン *ッチゴ* *ジュシゲッソヨ*

写真撮っていただけますか?

> *memo*
> ~해 주시겠어요?(ヘ ジュシゲッソヨ)
> は~해 주세요(ヘ ジュセヨ)より
> 丁寧な言い方です。

좀 시간이 괜찮으세요?
チョム *シガニ* *クェンチャヌセヨ*

ちょっといいですか?

> *memo*
> 直訳すると「ちょっと
> お時間大丈夫ですか?」
> となります。

부탁이 있어요
プタギ *イッソヨ*

お願いがあります

> *memo*
> 「お願いがあるんですが…」は
> **부탁이 있는데요…**
> (プタギ インヌンデヨ)。

基本

page.019

基本

あいづち・感情表現

네 (ネ)

> — memo —
> 丁寧な表現では
> 예(イェ) といいます。

はい

응 (ウン)

うん

맞아요 (マジャヨ)

そうです／その通りです

그래요 (クレヨ)

そうです／そうなんです

그렇군요 (クロクンニョ)

なるほど

아니요 (アニヨ)

> — memo —
> 省略した表現では
> 아뇨(アニョ) といいます。

いいえ

아니에요
アニエヨ

違います

됐어요
トェッソヨ

結構です

정말
チョンマル

本当に

진짜
チンッチャ

memo
정말(チョンマル)より
くだけた表現です。

本当に／マジで

헐…
ホル

memo
驚いたときに使う
カジュアルな感嘆詞。

えっ…

그러게
クロゲ

そうだね

그지
クジ

memo
友人同士で使う、かなり
くだけたあいづちです。

そうでしょ

아이고
アイゴ

memo
喜怒哀楽全ての場面で
使える便利な感嘆詞。

あらま～

基本

설마 (ソルマ)

まさか

역시 (ヨクシ)

やっぱり

옳지 (オルチ)

memo「その通り！」というときに使います。

そうだよ

좋아요 (チョアヨ)

いいです

싫어요 (シロヨ)

いやです

저기요 (チョギヨ)

memo 誰かに話しかけるときに使います。

あの〜

뭐라고? (ムォラゴ)

なんだって？

대박 (テバク)

やばっ

기뻐요 (キッポヨ)

うれしいです

> **memo**
> うれしい気持ちを表現するときは
> **너무 좋아요**(ノム チョアヨ) も
> 使えます。

소름 돋았어요 (ソルム トダッソヨ)

鳥肌が立ちました

재미있어요 (チェミイッソヨ)

面白いです

슬퍼요 (スルポヨ)

悲しいです

가슴 아파요 (カスム アパヨ)

胸が痛いです

울 것 같아요 (ウル ッコッ カタヨ)

泣きそうです

불쌍해 (プルッサンヘ)

かわいそう

감동했어요 (カムドンヘッソヨ)

感動しました

基本

CHAPTER ❶

基本

一日の流れ

지금 일어났어요
<small>チグム イロナッソヨ</small>

今起きました

일어나자마자 핸드폰 봐요
<small>イロナジャマジャ ヘンドゥポン ボァヨ</small>

起きたらすぐ携帯を見ます

오늘은 일찍 일어났어요
<small>オヌルン イルッチク イロナッソヨ</small>

今日は早く起きました

창문을 열어서 환기를 해요
<small>チャンムヌル ヨロソ ファンギルル ヘヨ</small>

窓を開けて換気をします

아침이라서 얼굴이 부어 있어요
<small>アチミラソ オルグリ ブオ イッソヨ</small>

朝なので顔がむくんでいます

> **memo**
> 「むくむ、腫れる」は
> 붓다(ブッタ)。

아침에 일어나면 세수를 해요
<small>アチメ イロナミョン セスルル ヘヨ</small>

朝起きたら顔を洗います

> **memo**
> 세수(セス)は
> 顔を洗うこと。

아침밥을 먹을게요
<small>아チムパプル　モグルッケヨ</small>

朝ご飯を食べます

> **memo**
> 아침(アチム)だけでも
> 「朝ごはん」の意味に
> なります。

양치를 해요
<small>ヤンチルル　ヘヨ</small>

歯磨きをします

> **memo**
> 씻다(ッシッタ)は「洗う、拭う」
> のほかに「シャワーする」と
> いう意味でも使われます。

씻고 나서 바로 화장을 시작해요
<small>ッシッコ　ナソ　パロ　ファジャンウル　シジャケヨ</small>

シャワーしてすぐ化粧を始めます

메이크업을 간단하게 해요
<small>メイクオプル　カンダナゲ　ヘヨ</small>

メイクを簡単にします

머리를 드라이어로 말려요
<small>モリルル　ドゥライオロ　マルリョヨ</small>

髪をドライヤーで乾かします

> **memo**
> 「ドライヤー」は드라이기
> (ドゥライギ／ドライ機)と
> いうこともあります。

고데기로 머리를 펴요
<small>コデギロ　モリルル　ピョヨ</small>

コテで髪を伸ばします

옷을 갈아입어요
<small>オスル　カライボヨ</small>

服を着替えます

오늘은 쌀쌀해요
<small>オヌルン　ッサルッサレヨ</small>

今日は肌寒いです

基本

CHAPTER ❶

날씨가 좀 흐려요
ナルッシガ　チョム　フリョヨ

> **—memo—**
> 直訳は「天気が少し
> 曇ってます」。

少し曇ってます

코트를 꺼내서 입었어요
コトゥルル　ッコネソ　イボッソヨ

コートを取り出して着ました

학교 갈 준비를 해요
ハッキョ　カル　チュンビルル　ヘヨ

学校に行く準備をします

여유가 좀 있어서 핸드폰을 봐요
ヨユガ　チョム　イッソソ　ヘンドゥポヌル　ボァヨ

余裕があるので携帯を見ます

슬슬 학교에 갈 겁니다
スルスル　ハッキョエ　カル　ッコムニダ

そろそろ学校に行くつもりです

저는 항상 노래를 들으면서 학교에 가요
チョヌン　ハンサン　ノレルル　トゥルミョンソ　ハッキョエ　カヨ

私はいつも歌を聴きながら学校に行きます

오늘은 무슨 노래를 들을까?
オヌルン　ムスン　ノレルル　トゥルルッカ

今日はなんの歌を聴こうかな？

학교 다녀오겠습니다
ハッキョ　タニョオゲッスムニダ

学校行ってきます

학교까지 지하철로 가요
ハッキョッカジ チハチョルロ カヨ

学校まで地下鉄で行きます

학교에 도착했어요
ハッキョエ トチャケッソヨ

学校に到着しました

> **memo**
> 연강(ヨンガン)は
> 연속 강의(ヨンソク カンウィ)
> ＝「連続講義」の短縮形。

1교시부터 6교시까지 연강이에요
イルギョシブト ユッキョシッカジ ヨンガンイエヨ

1限目から6限目まで連続授業です

오늘의 급식 메뉴는 뭘까?
オヌレ クプシク メニュヌン ムォルッカ

今日の給食のメニューはなんだろう？

수업이 다 끝났어요
スオビ タ ックンナッソヨ

授業がすべて終わりました

오늘은 알바가 있어요
オヌルン アルバガ イッソヨ

今日はバイトがあります

> **memo**
> 「アルバイト」は아르바이트
> (アルバイトゥ)。略して
> 알바(アルバ)といいます。

손님이 많아서 바빴어요
ソンニミ マナソ パッパッソヨ

お客さんが多くて忙しかったです

알바 끝나고 집에 가고 있어요
アルバ ックンナゴ チベ カゴ イッソヨ

バイトが終わって家に向かっています

基本

CHAPTER ❶

집에 도착했어요
チベ トチャケッソヨ

家に到着しました

요리를 해야겠어요
ヨリルル ヘヤゲッソヨ

料理をしないといけません

> — memo —
> 料理を作って食べる
> ことを해 먹다(ヘ モクタ)
> といいます。

오랜만에 음식을 해 먹을 거예요
オレンマネ ウムシグル ヘ モグル ッコエヨ

久しぶりに料理を作って食べるつもりです

장 보러 가요
チャン ボロ カヨ

> — memo —
> ショッピングをするときは
> 쇼핑하다(ショピンハダ)。

買い物しに行きます

밥을 지어요
パブル チオヨ

> — memo —
> 「ご飯を炊く」は밥을
> 안치다(パブル アンチダ)
> ともいいます。

ご飯を炊きます

설거지하는 게 귀찮아요
ソルゴジハヌン ゲ クィチャナヨ

洗い物が面倒です

오랜만에 외식을 할 거예요
オレンマネ ウェシグル ハル ッコエヨ

久しぶりに外食をするつもりです

맛있는 걸 먹으러 갈 거예요
マシンヌン ゴル モグロ カル ッコエヨ

おいしいものを食べに行くつもりです

밥을 먹고 커피도 마실 거예요
_{パブル　モッコ　コピド　マシル　ッコエヨ}

ご飯を食べてコーヒーも飲むつもりです

커피 냄새 좋아～
_{コピ　ネムセ　チョア}

> **memo**
> 直訳は「コーヒーの香りがいい」。

コーヒーのいい香り～

잠시 쉬는 시간이에요
_{チャムシ　シュィヌン　シガニエヨ}

少し休憩時間です

고생한 나에게 포상 시간이에요
_{コセンハン　ナエゲ　ポサン　シガニエヨ}

頑張った私にご褒美の時間です

基本

커피를 마시면서 넷플릭스를 봐요
_{コピルル　マシミョンソ　ネップルリクスルル　ボァヨ}

コーヒーを飲みながらネットフリックスを見ます

요즘 드라마에 빠져 있어요
_{ヨジュム　ドゥラマエ　ッパジョ　イッソヨ}

最近ドラマにハマっています

너무 재미있는 드라마예요
_{ノム　チェミインヌン　ドゥラマエヨ}

すごく面白いドラマです

다음 화가 너무 기다려져요
_{タウム　ファガ　ノム　キダリョジョヨ}

次の回が待ち遠しいです

CHAPTER ❶

지금 과제를 하는 중이에요
_{チグム　クァジェルル　ハヌン　チュンイエヨ}

今課題をやっているところです

너무 양이 많아요
_{ノム　ヤンイ　マナヨ}

すごく量が多いです

집중해서 해야겠어요
_{チプチュンヘソ　ヘヤゲッソヨ}

集中してしないといけないです

다 끝났어요
_{タ　ックンナッソヨ}

すべて終わりました

청소를 하려고 해요
_{チョンソルル　ハリョゴ　ヘヨ}

掃除をしようと思います

쓰레기를 버리고 왔어요
_{ッスレギルル　ポリゴ　ワッソヨ}

ごみを捨ててきました

빨래가 쌓여 있어요
_{ッパルレガ　ッサヨ　イッソヨ}

洗濯物が溜まってます

세탁기를 돌려야겠어요
_{セタッキルル　トルリョヤゲッソヨ}

洗濯機を回さないといけないです

page.030

시원하게 샤워를 해요
シウォナゲ　シャウォルル　ヘヨ

memo
直訳は「すっきりと
シャワーをします」。

シャワーを浴びてすっきりします

클렌징 오일로 화장을 지워요
クルレンジン　オイルロ　ファジャンウル　チウォヨ

クレンジングオイルで化粧を落とします

샤워를 하고 왔어요
シャウォルル　ハゴ　ワッソヨ

シャワーを浴びてきました

아침이랑 똑같이 스킨케어를 해요
アチミラン　ットッカチ　スキンケオルル　ヘヨ

朝と同じくスキンケアをします

바디케어도 해요
バディケオド　ヘヨ

ボディーケアもします

요즘 자기 전에 책을 좀 읽어요
ヨジュム　チャギ　ジョネ　チェグル　チョム　イルゴヨ

最近、寝る前に本を少し読んでいます

이만 자야겠어요
イマン　チャヤゲッソヨ

memo
直訳は「このくらいで
寝ないといけないです」。

そろそろ寝ないといけません

오늘 하루도 수고했어요
オヌル　ハルド　スゴヘッソヨ

今日も一日お疲れさまでした

基本

数字について

韓国語の数詞には漢数詞と固有数詞があり、金額や年月日、時間の「分」「秒」には漢数詞を、年齢や人数、時間の「時」には固有数詞を使います。また、漢数詞の零は電話番号では**공**(コン)といい、固有数詞の1～4と20は助数詞がつくと下記の（　）内の言い方になります。

漢数詞

ヨン　コン **영/공** 零	イル **일** 一	イ **이** 二	サム **삼** 三	サ **사** 四	オ **오** 五	ユク **육** 六	チル **칠** 七
パル **팔** 八	ク **구** 九	シプ **십** 十	シビル **십일** 十一	シビ **십이** 十二	シプサム **십삼** 十三	シプサ **십사** 十四	シボ **십오** 十五
シムニュク **십육** 十六	シプチル **십칠** 十七	シプパル **십팔** 十八	シプク **십구** 十九	イシプ **이십** 二十	サムシプ **삼십** 三十	サシプ **사십** 四十	オシプ **오십** 五十
ユクシプ **육십** 六十	チルシプ **칠십** 七十	パルシプ **팔십** 八十	クシプ **구십** 九十	ペク **백** 百	チョン **천** 千	マン **만** 万	

固有数詞

ハナ (ハン) **하나** **(한)** 1	トゥル (トゥ) **둘(두)** 2	セッ (セ) **셋(세)** 3	ネッ (ネ) **넷(네)** 4	タソッ **다섯** 5	ヨソッ **여섯** 6	イルゴプ **일곱** 7	ヨドル **여덟** 8
アホプ **아홉** 9	ヨル **열** 10	ヨラナ (ヨラン) **열하나** **(열한)** 11	ヨルトゥル (ヨルトゥ) **열둘** **(열두)** 12	ヨルセッ (ヨルセ) **열셋** **(열세)** 13	ヨルネッ (ヨルネ) **열넷** **(열네)** 14	ヨルタソッ **열다섯** 15	ヨルリョソッ **열여섯** 16
ヨルリルゴプ **열일곱** 17	ヨルリョドル **열여덟** 18	ヨラホプ **열아홉** 19	スムル (スム) **스물** **(스무)** 20	ソルン **서른** 30	マフン **마흔** 40	シュィン **쉰** 50	イェスン **예순** 60
イルン **일흔** 70	ヨドゥン **여든** 80	アフン **아흔** 90					

※100以降を数えるときは漢数詞を使用します。

CHAPTER

2

テレビ

テレビ

ドラマ全般❶

誘い

カチ チョニョク モグルレヨ
같이 저녁 먹을래요?

> **memo**
> お昼ご飯は
> 점심(チョムシム) と
> いいます。

一緒に夕食食べませんか?

カチ カゴ シプン デガ インヌンデ
같이 가고 싶은 데가 있는데

一緒に行きたいところがあるんだけど

ウリ オディ カソ イェギナ チョム ハルッカヨ
우리 어디 가서 얘기나 좀 할까요?

僕たちどこかに行って少し話しませんか?

パブ アン モゴッチ
밥 안 먹었지?

ご飯食べてないでしょ?

ノ パム モゴンニャ
너 밥 먹었냐?

君、ご飯食べたの?

パッケ ナガソ モグルッカ
밖에 나가서 먹을까?

外に出て食べようか?

근처에 괜찮은 레스토랑이 있어
クンチョエ　クェンチャヌン　レストランイ　イッソ

近くにいいレストランがあるよ

가자! 가자!
カジャ　カジャ

行こう！行こう！

먹으러 갑시다
モグロ　カプシダ

食べに行きましょう

네, 괜찮아요
ネ　クェンチャナヨ

はい、大丈夫です

저 약속이 있어요
チョ　ヤクソギ　イッソヨ

私、約束があります

좀 볼일이 있어
チョム　ポルリリ　イッソ

ちょっと用事があるんだ

이렇게 만났는데 나랑 안 놀래?
イロケ　マンナンヌンデ　ナラン　アン　ノルレ

せっかく会えたのに僕と遊ばないの？

오늘 못 만나면 내일 만나요
オヌル　モン　マンナミョン　ネイル　マンナヨ

今日会えなかったら明日会いましょう

テレビ
TV

CHAPTER ❷

テレビ

ドラマ全般❷

お酒

スル ハンジャン ハルッカヨ
술 한잔 할까요?

お酒一杯どうですか?

スルン ピョルロ アン ジョアヘヨ
술은 별로 안 좋아해요

お酒はあんまり好きじゃないです

ッチャン ハルッカヨ
짠 할까요?

memo
짠(ッチャン)は
グラスを鳴らすときの
音を表します。

乾杯しますか?

コンベ
건배!

memo
代表的な乾杯の掛け声。
韓国ではお酒の席で
何度も乾杯をします。

乾杯!

スル ッタラ ドゥリルッカヨ?
술 따라 드릴까요?

お酒注ぎましょうか?

アンジュ チョム ジュセヨ
안주 좀 주세요

おつまみください

취했네
チュィヘンネ

酔ってるね

난 안 취했어
ナン　アン　チュィヘッソ

私は酔ってないよ

안 마시면 안 되겠니?
アン　マシミョン　アン　ドェゲンニ

飲まないとダメなの？

또 술 마셨어?
ット　スル　マショッソ

またお酒飲んだの？

술 좀 마시네?
スル　チョム　マシネ

お酒けっこう飲むんだね？

너 술 약하구나
ノ　スル　ヤカグナ

君、お酒弱いんだね

천천히 마셔
チョンチョニ　マショ

ゆっくり飲みな

그만 마셔
クマン　マショ

飲むのやめな

テレビ

ドラマ全般 ❸

喧嘩

너무해 (ノムヘ)

ひどい

그런 말이 어디 있어 (クロン マリ オディ イッソ)

それはないでしょ

> **memo**
> 直訳は「そんな話が
> どこにあるの」。

할 말이 그것뿐이야? (ハル マリ クゴップニヤ)

言うことはそれだけ?

그건 내가 할 말이에요 (クゴン ネガ ハル マリエヨ)

それはこっちのセリフです

진짜 그게 다야? (チンッチャ クゲ タヤ)

本当にそれがすべてなの?

진짜 아무렇지도 않아? (チンッチャ アムロチド アナ)

本当にどうってことないの?

내가 잘못했어
ネガ　チャルモテッソ

僕が悪かったよ

말 안 한 건 미안한데
マル　ア　ナン　ゴン　ミアナンデ

言わなかったのは申し訳ないけど

<blockquote>
memo
秘密などを隠していた
ときに使います。
</blockquote>

아까 했던 말 취소할게
アッカ　ヘットン　マル　チュイソハルッケ

さっき言った言葉取り消すよ

말이 좀 심했어
マリ　チョム　シメッソ

少し言い過ぎた

날 버리지 마
ナル　ボリジ　マ

僕を捨てないで

テ
レ
ビ
TV

날 용서해 줘
ナル　ヨンソヘ　ジュォ

僕を許して

아까는 미안했어
アッカヌン　ミアネッソ

さっきはごめん

솔직하게 말을 못 해서 미안해
ソルチカゲ　マルル　モ　テソ　ミアネ

正直に言えなくてごめん

page.039

CHAPTER ②

テレビ

学園ドラマ

같이 도서관에서 공부하자
カチ　トソグァネソ　コンプハジャ

一緒に図書館で勉強しよう

여기 시험에 나와
ヨギ　シホメ　ナワ

ここ試験に出るよ

시험 잘 봐
シホム　チャル　ボァ

> **memo**
> 시험을 보다(シホムル ポダ) =
> 「試験を見る」で、「試験を受ける」
> という意味になります。

試験頑張ってね

시험 잘 봤어?
シホム　チャル　ボァッソ

試験上手くいった?

그럭저럭
クロクチョロク

まあまあ

시험 망쳤어
シホム　マンチョッソ

> **memo**
> 망쳤어(マンチョッソ) =「壊した」
> は、「失敗した」という意味でも
> よく使われます。

試験しくじった

이번 시험 난 죽었어
イボン　シホム　ナン　チュゴッソ

今回のテスト、私は死んだ

저번보다 잘 봤어
チョボンポダ　チャル　ボァッソ

前より上手くいった

몇 개 틀렸어?
ミョッ　ケ　トゥルリョッソ

何個間違えた?

テレビ
TV

오늘 영어 발표가 있잖아
オヌル　ヨンオ　パルピョガ　イッチャナ

今日英語の発表があるじゃん

너 피피티 준비했어?
ノ　ピピティ　チュンビヘッソ

> **memo**
> 韓国語で
> パワーポイントのことを
> **피피티(PPT)** といいます。

君、PPT準備した?

긴장해서 배 아파
キンジャンヘソ　ペ　アパ

緊張してお腹痛い

필기한 거 보여 줘
ピルギハン　ゴ　ポヨ　ジュォ

> **memo**
> 「ノートとったところ見せて」
> というニュアンスです。

筆記したところ見せて

숙제 했냐?
スクチェ　ヘンニャ

宿題やった?

영어 숙제 써서 냈어?
ヨンオ　スクチェ　ッソソ　ネッソ

英語の宿題書いて提出した?

난 이미 냈어
ナン　イミ　ネッソ

私はもう提出した

야자 시간에 해야지
ヤジャ　シガネ　ヘヤジ

> **memo**
> 韓国では放課後に
> **야자(ヤジャ)** と呼ばれる
> 自習の時間があります。

ヤジャの時間にやらないと

수능 준비 잘되고 있어?
スヌン チュンビ チャルドェゴ イッソ?

スヌンの準備上手くいってる?

memo

スヌンは大学共通の入試で、**大学修学能力試験**（テハクスハンヌンニョクシホム）＝大学修学能力試験の略。

진로를 빨리 찾아야 돼
チルロルル ッパルリ チャジャヤ ドェ

進路を早く決めないと

공부 잘 하고 있어?
コンブ チャ ラゴ イッソ?

勉強頑張ってる?

열심히 하고 있어
ヨルシミ ハゴ イッソ

一生懸命やってるよ

너 공부 안 해?
ノ コンブ ア ネ?

君、勉強しないの?

テレビ
TV

너도 놀기만 하잖아
ノド ノルギマン ハジャナ

君も遊んでばかりじゃん

공부를 못 했어
コンブルル モ テッソ

勉強できなかった

시험 공부 하나도 안 했어요
シホム コンブ ハナド ア ネッソヨ

試験勉強をまったくしませんでした

memo

하나도 안 했다（ハナド アネッタ）は直訳すると「ひとつもしていない」。

CHAPTER ❷

시험 범위 알려 줘

試験範囲教えて

할 게 너무 많아

やることがすごく多い

계획을 세웠어요

計画を立てました

내일 시험이라서 일찍 잘게

明日試験だから早く寝るよ

3일밖에 남지 않아요

3日しか残ってないです

아직 문제를 풀지도 않았어요

まだ問題を解いてもないです

단어는 거의 다 외웠어요

単語はほとんど覚えました

암기 과목은 다 했어요

暗記科目はすべてやりました

장소를 바꿔서 공부해 봐
チャンソルル パックォソ コンブヘ ボァ

場所変えて勉強してみて

학원에 가야지
ハグォネ カヤジ

塾に行かないと

> **memo**
> 학원(ハグォン) =
> 「学院」は日本でいう
> 「塾」のこと。

시험 때는 초콜릿 먹어야지
シホム ッテヌン チョコルリッ モゴヤジ

試験の時はチョコ食べないと

오답 체크 해야지
オダプ チェク ヘヤジ

誤答チェックしないと

나 대학교 붙었어
ナ テハッキョ ブトッソ

私、大学受かった

나 대학교 떨어졌어
ナ テハッキョ ットロジョッソ

私、大学落ちた

시험에 합격했어
シホメ ハプキョケッソ

試験に合格した

재수를 하기로 했어
チェスルル ハギロ ヘッソ

浪人することにした

テレビ
TV

page.045

テレビ

恋愛ドラマ❶
片思い〜告白

너를 보고 첫눈에 반했어
ノルル　ボゴ　チョンヌネ　パネッソ
君を見て一目ぼれした

나 기억해?

私、覚えてる?

어디서 뵌 것 같은데

どこかでお会いしたような

저를 혹시 알아요?

私をもしかして知ってますか?

이런 기분은 처음이에요

こんな気分は初めてです

예뻐서 말 걸고 싶었어요

きれいだから声かけたかったです

옆에 앉아도 될까요?

隣に座ってもいいですか?

오늘 너무 예쁘다

今日すごくかわいい

왜 그렇게 예뻐?

なんでそんなにかわいいの?

テレビ
TV

CHAPTER ❷

남자친구 있어?
ナムジャチング　イッソ

彼氏いるの？

나같은 남자 어때?
ナガトゥン　ナムジャ　オッテ

僕みたいな男どう？

넌 내 마음을 훔쳤어
ノン　ネ　マウムル　フムチョッソ

君は僕の心を奪った

내 여자친구 돼 줄래?
ネ　ヨジャチング　トェ　ジュルレ

僕の彼女になってくれる？

너 나좋아하냐?
ノ　ナチョアハニャ

君、僕のこと好きなの？

나랑 썸 탈래요?
ナラン　ッソム　タルレヨ

memo
썸(ッソム) =恋の駆け引き、
友人以上恋人未満の関係
という意味です。

私と恋愛する？

나는 너 좋아하는데
ナヌン　ノ　チョアハヌンデ

私は君が好きなんだけど

오빠라고 불러도 돼요?
オッパラゴ　プルロド　トェヨ

オッパって呼んでもいい？

CHAPTER ❷

テレビ

恋愛ドラマ❷

交際中

テレビ
TV

CHAPTER ❷

> **memo**
> 그러지 마 (クロジ マ) は
> 直訳すると「やめて、
> そうするなよ」となります。

눈을 감아
ヌヌル カマ

目を閉じて

키스할래?
キスハルレ

キスする?

왜? 심쿵했어?
ウェ シムクンヘッソ

なんで? 胸きゅんした?

memo
심쿵(シムクン) =
「胸きゅん、ときめくこと」
という意味です。

지금 얼굴이 완전히 빨개졌다
チグム オルグリ ワンジョニ ッパルゲジョッタ

今顔がすごく赤くなってる

또 입 맞추고 싶어지잖아
ット イム マッチュゴ シポジジャナ

またキスしたくなっちゃうじゃん

나와 결혼해 줄래요?
ナワ キョロネ ジュルレヨ

僕と結婚してくれますか?

memo

**キスの
表現**

キスの言い方は、키스(キス) = キス、입 맞춤
(イム マッチュム) = くちづけ、뽀뽀(ッポッポ)
= チューというように、いろいろあります。

テレビ TV

テレビ

バラエティー番組

가위바위보 하자
カウィバウィボ / ハジャ
じゃんけんしよう

CHAPTER ②

게임을 준비했어요
<ruby>게<rt>ゲ</rt></ruby><ruby>임<rt>イム</rt></ruby>을 <ruby>준<rt>チュン</rt></ruby><ruby>비<rt>ビ</rt></ruby><ruby>했<rt>ヘッ</rt></ruby><ruby>소<rt>ソ</rt></ruby><ruby>요<rt>ヨ</rt></ruby>

ゲームを用意しました

이번에 할 게임은 뭘까요?
<ruby>이<rt>イ</rt></ruby><ruby>번<rt>ボ</rt></ruby>에 <ruby>할<rt>ハル</rt></ruby> <ruby>게<rt>ゲ</rt></ruby><ruby>임<rt>イム</rt></ruby>은 <ruby>뭘<rt>ムォル</rt></ruby><ruby>까<rt>ッカ</rt></ruby><ruby>요<rt>ヨ</rt></ruby>?

今回やるゲームは何でしょうか?

첫 번째 게임은...
<ruby>첫<rt>チョッ</rt></ruby> <ruby>번<rt>ポン</rt></ruby><ruby>째<rt>ッチェ</rt></ruby> <ruby>게<rt>ゲ</rt></ruby><ruby>임<rt>イム</rt></ruby>은

最初のゲームは…

바로 시작해 볼까요?
<ruby>바<rt>パ</rt></ruby><ruby>로<rt>ロ</rt></ruby> <ruby>시<rt>シ</rt></ruby><ruby>작<rt>ジャケ</rt></ruby>해 <ruby>볼<rt>ポル</rt></ruby><ruby>까<rt>ッカ</rt></ruby><ruby>요<rt>ヨ</rt></ruby>?

早速始めてみましょうか?

> **memo**
> MCは**진행자**(チネンジャ)
> =「進行者」、**진행**(チネン)
> =「進行」などといいます。

제가 진행해 보도록 하겠습니다
<ruby>제<rt>チェ</rt></ruby><ruby>가<rt>ガ</rt></ruby> <ruby>진<rt>チ</rt></ruby><ruby>행<rt>ネンヘ</rt></ruby>해 <ruby>보<rt>ボ</rt></ruby><ruby>도<rt>ド</rt></ruby><ruby>록<rt>ロ</rt></ruby> <ruby>하<rt>カ</rt></ruby><ruby>겠<rt>ゲッ</rt></ruby><ruby>습<rt>スム</rt></ruby><ruby>니<rt>ニ</rt></ruby><ruby>다<rt>ダ</rt></ruby>

私が進行していきたいと思います

리더를 뽑아야 돼
<ruby>리<rt>リ</rt></ruby><ruby>더<rt>ドル</rt></ruby><ruby>를<rt>ル</rt></ruby> <ruby>뽑<rt>ッポ</rt></ruby><ruby>아<rt>パ</rt></ruby><ruby>야<rt>ヤ</rt></ruby> <ruby>돼<rt>ドェ</rt></ruby>

リーダーを選ばないと

우리는 이미 짝꿍이 됐어요
<ruby>우<rt>ウ</rt></ruby><ruby>리<rt>リ</rt></ruby><ruby>는<rt>ヌン</rt></ruby> <ruby>이<rt>イ</rt></ruby><ruby>미<rt>ミ</rt></ruby> <ruby>짝<rt>ッチャッ</rt></ruby><ruby>꿍<rt>クンイ</rt></ruby>이 <ruby>됐<rt>ドェッ</rt></ruby><ruby>어<rt>ソ</rt></ruby><ruby>요<rt>ヨ</rt></ruby>

私たちはもうペアを組みました

> **memo**
> **짝꿍**(ッチャックン)は「ペア」
> のこと。「相棒」「隣席の友達」
> という意味でも使います。

순서 어떡할래?
<ruby>순<rt>スン</rt></ruby><ruby>서<rt>ソ</rt></ruby> <ruby>어<rt>オッ</rt></ruby><ruby>떡<rt>トカルレ</rt></ruby>할래?

順番どうする?

나이 순으로 하자

ナイ スヌロ ハジャ

年齢順でやろう

memo
末っ子から始めようと提案
する場合は막내부터 하자
（マンネプト ハジャ）。

팀으로 나눕시다

ティムロ ナヌプシダ

チームに分かれましょう

팀워크를 보여 줍시다

ティムウォクルル ボヨ ジュプシダ

チームワークを見せましょう

팀워크 대박인데?

ティムウォク テバギンデ

チームワークすごくない？

잘하자 우리도

チャラジャ ウリド

上手くやろう、私たちも

memo
この場面での잘하자
（チャラジャ）は「頑張ろう」
というニュアンスです。

막내를 이겨라!

マンネルル イギョラ

末っ子に勝て！

memo

**韓国の
じゃんけん**

韓国語で「じゃんけん」は「가위바위보（カウィ
バウィボ）」。「가위（カウィ）」は「はさみ」で
チョキ、「바위（バウィ）」は「岩」でグー、「보
（ボ）」は「紙、ふろしき」でパーです。

テレビ TV

CHAPTER ❷

과연 이길 수 있을까?
クァヨン イギル ッス イッスルッカ

果たして勝てるのか?

당연히 이길거야
タンヨニ イギルッコヤ

当然勝つよ

> **memo**
> 당연하다(タンヨナダ)は
> 「当然だ、当たり前だ」と
> いう意味。

난 이길건데?
ナン イギルッコンデ

僕は勝つけど?

재밌게 합시다
チェミッケ ハプシダ

楽しくやりましょう

실패하면 진짜 웃기겠다
シルペハミョン チンッチャ ウッキゲッタ

失敗したら本当笑える

꼴찌는 뭐 할까요?
ッコルッチヌン ムォ ハルッカヨ

ビリは何しましょうか?

> **memo**
> 「罰ゲーム」は韓国語で
> **벌칙 게임**(ポルチク ゲイム)
> といいます。

이기면 뭔가 있나요?
イギミョン ムォンガ インナヨ

勝ったら何かありますか?

준비됐습니까?
チュンビドェッスムニッカ

準備できましたか?

page.058

게임 스타트!

ゲームスタート！

그럼 시작!

では始め！

벌써 졌다

すでに負けた

질 것 같다

負けそう

다음 문제 주세요

次の問題ください

다음 키워드 주세요

次のキーワードください

힌트 좀 주세요

ヒント少しください

패스 할게요

パスします

テレビ
TV

CHAPTER ❷

패스 다 끝났어
ペスタ・ックンナッス

> **memo**
> 이제 패스 못합니다
> (イジェ ペス モタムニダ) =
> 「もうパスできません」とも。

パスすべて終わった

정답이 뭐예요?
チョンダビ・ムォエヨ

正解はなんですか？

정답이 아니에요?
チョンダビ・アニエヨ

正解じゃないんですか？

마지막 문제입니다
マジマク・ムンジェイムニダ

最後の問題です

너무 어려워요
ノム・オリョウォヨ

すごく難しいです

틀렸어
トゥルリョッソ

間違えた

많이 맞혔어
マニ・マチョッソ

たくさん当たった

몇 개 맞혔어요?
ミョッケ・マッチョッソヨ

何個当てましたか？

3개밖에 못 맞혔어요?
<small>セゲバッケ　モン　マチョッソヨ</small>

3個しか当てられなかったの？

게임 진짜 못해요
<small>ゲイム　チンッチャ　モテヨ</small>

ゲームが本当に下手です

> **memo**
> 「苦手です」と言いたい場合は、잘 못해요(チャル モテヨ)といいます。

내가 말했잖아
<small>ネガ　マレッチャナ</small>

僕が言ったじゃん

말도 안 돼
<small>マルド　アン　ドェ</small>

> **memo**
> 直訳は「話にもならない」。転じて、「ありえない」という意味で使われます。

ありえない

어이가 없어
<small>オイガ　オプソ</small>

あきれた／くだらない

얘는 단순해
<small>イェヌン　タンスネ</small>

この子は単純

얘는 똑똑해
<small>イェヌン　ットットッケ</small>

この子は賢い

얘는 룰 잘 몰라
<small>イェヌン　ルル　チャル　モルラ</small>

この子はルールをよくわかってない

テレビ
TV

너무 잘하네요
_{ノム　チャラネヨ}

すごく上手ですね

거짓말 하지 마
_{コジンマル　ハジ　マ}

嘘つかないで

나 멘붕 왔어
_{ナ　メンブン　ワッソ}

僕、ショック受けた

그런 게 어디 있어?
_{クロン　ゲ　オディ　イッソ}

> **memo**
> 直訳は「そんなのどこに
> あるの?」。「ありえない」と
> いう意味で使われます。

そんなのありえない

그건 반칙이야
_{クゴン　パンチギヤ}

それは反則だよ

이게 너무 하잖아
_{イゲ　ノム　ハジャナ}

これはひどすぎるよ

형이 도움이 안 돼
_{ヒョンイ　トウミ　アン　ドェ}

兄さんは役に立たない

제가 형이니까 졌어요
_{チェガ　ヒョンイニッカ　チョッソヨ}

> **memo**
> 年上のメンバーが
> 弟メンバーに負けた
> ときの言い訳に使います。

僕が兄だから負けてあげました

저희 차례인가요?
（チョヒ チャレインガヨ）

僕たちの番ですか？

memo
저희（チョヒ）は発音されるときに 희（ヒ）の音が弱まるため「チョイ」のように聞こえます。

1분 남았어요
（イルブン ナマッソヨ）

1分残っています

memo
日本語でいう「あと1分です」は、韓国語では「1分残りました」と表現します。

우리 팀이 이겼다
（ウリ ティミ イギョッタ）

僕たちのチームが勝った

동점으로 끝났어요
（トンジョムロ ックンナッソヨ）

同点で終わりました

꼴찌는 누구예요?
（ッコルッチヌン ヌグエヨ）

ビリは誰ですか？

이거 한번 더 하자
（イゴ ハンボン ト ハジャ）

これもう一回やろう

テレビ
TV

memo

メンタルが
崩壊？

나 멘붕 왔어（ナ メンブン ワッソ）＝「僕、ショック受けた」の 멘붕（メンブン）は、멘탈붕괴（メンタルプングェ／メンタル崩壊）の略語。精神が崩壊するほど驚いたときやパニックになったときに使います。

バラエティーのテロップ

韓国のバラエティー番組はテロップが多用され、出演者の発言や製作陣のツッコミ、擬音語・擬態語など、画面にたくさんの情報が表示されます。テロップが理解できると会話や内容がぐっと把握しやすくなるので頻出単語を覚えておくと便利です。

ッチャジャン
짜잔
ジャジャーン

memo
日本語の「ジャーン！」と同じように使われます。

ニャムニャム
냠냠
もぐもぐ

memo
何かを食べているときの「もぐもぐ」「むしゃむしゃ」。

ワアン
와앙
ぱくっ

memo
大きな口を開けて何かを食べるときに。「あ〜ん」は아〜（ア〜）。

モッスク
머쓱
しょんぼり

memo
머쓱하다（モッスカダ）=気落ちする、気まずい、しょげる。

ブック
부끄
恥ずかしい

memo
부끄럽다（ブックロプタ）=恥ずかしい、照れる、面目ない。

スジュプ
수줍
照れ照れ、モジモジ

memo
수줍다（スジュプタ）=内気だ、恥ずかしげだ。モジモジ恥ずかしがるニュアンス。

ッカムッチャク
깜짝
びっくり

memo
誰かに驚かされたときなどに。

ッカックン
까꿍
ばあ！

memo
隠れていたものがいきなり飛び出る様子。本来は「いないいないばぁ」の意。

ヒョンタ
현타
現実に引き戻される

memo
満足したあとに虚無感やむなしさを感じる現実自覚タイム（ヒョンシルジャカク タイム／現実自覚タイム）の略称。

ッブムッブム
뿜뿜
あふれ出る

memo
魅力やオーラのようなものがあふれ出ている様子。

ミンマン
민망
気の毒だ

memo
민망하다（ミンマンハダ）=気まずい、心苦しい。

チンジ
진지
真面目、真剣

memo
真剣な話をしているときなどに。

アンジョルブジョル
안절부절
おろおろ、そわそわ

memo
そわそわと落ち着かず、やきもきしている様子。

アスルアスル
아슬아슬
ひやひや、ハラハラ

memo
아슬아슬하다（アスルアスラダ）=あぶなっかしい、きわどい、ぎりぎりだ。

ワンビョク
완벽
完璧

memo
ダンスや一発芸などがカッコよく決まったときに。

チンッチャ
진짜！？
本当に!?

CHAPTER

3

動画

動画

美容①
スキンケア

이 컬러를 사용해요
イ　コルロルル　　サヨンヘヨ
このカラーを使用します

얼굴에 아무것도 안 발랐어요
オルグレ　アムゴット　アン　バルラッソヨ

memo
「すっぴん」は생얼
(センオル),쌩얼(ッセンオル)、
민낯(ミンナッ) などと
いいます。

顔に何もつけていません

스킨케어부터 할게요
スキンケオブト　ハルッケヨ

スキンケアから始めます

크림 바로 들어갈게요
クリム　バロ　トゥロガルッケヨ

memo
「すぐにクリームを塗って
いきます」というような
ニュアンスで使われます。

クリームにすぐ入ります

흔들어서 사용할게요
フンドゥロソ　サヨンハルッケヨ

振って使用します

두드려서 흡수를 시켜요
トゥドゥリョソ　フプスルル　シキョヨ

memo
トントンと連続して叩くこと
を두드리다(トゥドゥリダ)と
いいます。

叩いて浸透させます

動画

꼼꼼하게 닦아 줘요
ッコムッコマゲ　タッカ　ジュオヨ

丁寧に拭いてあげます

스킨케어 마쳤어요
スキンケオ　マチョッソヨ

memo
마치다(マチダ)は
「何かを終える」という
意味があります。

スキンケア終わりました

기본적인 스킨케어는 다 했어요
キボンジョギン　スキンケオヌン　タ　ヘッソヨ

基本的なスキンケアはすべてしました

피부가 뒤집어졌어요

> **memo**
> 뒤집어지다(ティジボジダ)には「裏返る、覆される」という意味があります。

肌が荒れてしまいました

여드름이 생겼어요

ニキビができました

피부가 금방 건조해요

> **memo**
> 「保湿」は보습(ボスプ)、「しっとりする」は촉촉하다(チョクチョカダ)といいます。

肌がすぐに乾燥します

트러블 자국이 장난 아니에요

> **memo**
> 「傷跡」は흉터(ヒュント)、「傷」は상처(サンチョ)といいます。

トラブルの跡がすごいです

피부가 많이 땡겨요

肌がすごく突っ張ります

피부가 예민해졌어요

> **memo**
> 예민하다(イェミナダ)は「神経質になる、敏感になる」という意味があり、(気持ちなどが) ピリピリしている状態を表現するときにも使います。

肌が敏感になりました

화장을 잘 먹어요

> **memo**
> 直訳すると「(肌が) 化粧をよく食べる」ですが、「化粧のノリがいい」という意味で使われます。

化粧のノリがいいです

화장은 꼭 지우고 주무셔야 해요

化粧は必ず落として寝ないといけません

요새 애용하고 있는 제품이에요
ヨセ　エヨンハゴ　インヌン　チェプミエヨ

最近愛用してる製品です

진짜 추천드리고 싶어요
チンッチャ　チュチョンドゥリゴ　シポヨ

本当におすすめしたいです

데일리로 쓰기에 딱 좋아요
デイルリロ　ッスギエ　ッタク　チョアヨ

毎日使うのにぴったりです

> **memo**
> 毎日使うアイテムや普段使い用アイテムは**데일리**(デイルリ) + **아이템**(アイテム)で**데일리 템**(デイルリ テム)といいます。

이것도 이번에 산 거예요
イゴット　イボネ　サン　ゴエヨ

これも今回買ったものです

향기가 좋은 제품이에요
ヒャンギガ　チョウン　チェプミエヨ

香りがいい製品です

여드름 케어해 주는 제품이에요
ヨドゥルム　ケオヘ　ジュヌン　チェプミエヨ

ニキビケアをしてくれる製品です

여린 피부를 위한 제품이에요
ヨリン　ピブルル　ウィハン　チェプミエヨ

弱い肌のための製品です

> **memo**
> 「敏感肌」は**민감한 피부**（ミンガマン ピブ/敏感な肌）といいます。

자극이 덜 하는 제품이에요
チャグギ　トル　ハヌン　チェプミエヨ

刺激が少なめの製品です

> **memo**
> **덜**(トル)は「より少ない、十分でない」という意味で、ある限度に満ちていないことや控えめなことを表す副詞です。

動画 🎦

CHAPTER ❸

새로 나온 제품이에요
세로　나온　　 　 チェプミエヨ

新しく出た製品です

인공 성분이 안 들어가 있어요
インゴン　ソンブニ　アン　ドゥロガ　イッソヨ

人工成分が入っていません

부담 없이 사용할 수 있어요
ブダム　オプシ　サヨンハル　ッス　イッソヨ

負担なく使用できます

> **memo**
> 「季節の変わり目」は
> 환절기(ファンジョルギ/
> 換節期)といいます。

환절기에 쓰기도 좋은 것 같아요
ファンジョルギエ　ッスギド　チョウン　ゴッ　カタヨ

季節の変わり目に使うのもいいと思います

겨울에 딱 쓰기 좋은 아이템이에요
キョウレ　ッタク　ッスギ　チョウン　アイテミエヨ

冬に使うのにぴったりのアイテムです

여름에 사용하기엔 좀 무거워요
ヨルメ　サヨンハギエン　チョム　ムゴウォヨ

夏に使うと少し重いです

끈적이지 않아요
ックンジョギジ　アナヨ

> **memo**
> 「ベタつく、ベタベタする」は끈적이다
> (ックンジョギダ)。끈적끈적하다(ック
> ンジョックンジョカダ)ともいいます。

ベタつきません

이걸 얇게 발라요
イゴル　ヤルッケ　バルラヨ

これを薄く塗ります

美容 ❷

ベースメイク

イジェ ベイスロ トゥロガルケヨ
이제 베이스로 들어갈게요

ではベースに入ります

チャプティドゥルル カリョジュゴドゥンニョ
잡티들을 가려주거든요

くすみを隠してくれるんですよ

> **memo**
> 「くすみ」は
> 잡티(チャプティ)
> といいます。

コボリョギ チョッコドゥンニョ
커버력이 좋거든요

カバー力がいいんですよ

チェ ピブトニラン チャル マジャヨ
제 피부톤이랑 잘 맞아요

私の肌のトーンとよく合います

> **memo**
> 피부톤(ピブトン／肌トーン)は「肌の色」
> という意味でも使われます。「肌の色」
> は피부 색깔(ピブ セッカル)とも。

ベイス キヌンイ イッソヨ
베이스 기능이 있어요

ベースの役割もあります

> **memo**
> 기능(キヌン)は「機能」という意味。「日焼け
> 止めの役割もあります」は선크림 기능도 있어요
> (ソンクリム キヌンド イッソヨ)。

チャヨンスロプケ コボガ ドェジョ
자연스럽게 커버가 되죠

自然にカバーされますね

얼굴에 광이 나요
<small>オルグレ クァンイ ナヨ</small>

顔につやがでます

> **memo**
> 광(クァン) は「光、つや」
> という意味です。

지속력이 엄청 좋아요
<small>チソンニョギ オムチョン チョアヨ</small>

持続力がすごくいいです

얼굴에 밀착 잘돼요
<small>オルグレ ミルチャク チャルドェヨ</small>

顔にしっかり密着します

> **memo**
> 「化粧が崩れる」は
> **화장이 무너지다**
> (ファジャンイ ムノジダ)。

적당히 톤 업도 돼요
<small>チョクタンヒ トン オプト ドェヨ</small>

いい感じにトーンアップします

마무리감도 좋은 것 같아요
<small>マムリガムド チョウン ゴッ カタヨ</small>

仕上がりの状態もいい感じです

> **memo**
> **마무리감(マムリガム)**
> は直訳すると
> 「仕上げ感」。

마무리감이 보송해요
<small>マムリガミ ボソンヘヨ</small>

仕上がりがサラサラです

> **memo**
> 보송하다(ボソンハダ) は水気がなくサラサラ、
> すべすべした状態のこと。**보송보송하다**
> (ボソンボソンハダ) も同じ意味です。

> **memo**
>
> **パーソナル
> カラーの
> 言い方**
>
> 「パーソナルカラー」は韓国語で**퍼스널컬러**
> (ポスノルコルロ)。日本語でいう「ブルベ(ブ
> ルーベース)」は**쿨톤**(クルトン/クールトー
> ン)、「イエベ(イエローベース)」は**웜톤**(ウォム
> トン/ウォームトーン) といいます。

動画

美容③

アイメイク

シェドウルル　パルラ　ジュルッケヨ
새도우를 발라 줄게요

シャドウを塗ります

> memo
> アイシャドウの「シャドウ」は새도(シェド)
> が正式な表記ですが、一般的には쉐도우
> (シェドウ)、새도우(シェドウ) も使われます。

タウム　イゴル　パルラ　ジュルッケヨ
다음 이걸 발라 줄게요

次はこれを塗ります

イ　コルロロ　ヌン　チョンチェエ　パルラヨ
이 컬러로 눈 전체에 발라요

このカラーで目全体に塗ります

> memo
> 「全体的に塗ります」は
> 전체적으로 발라요(チョン
> チェチョグロ パルラヨ)。

ベイスルル　ッカラジュルッケヨ
베이스를 깔아줄게요

ベースを敷きます

エギョサレド　パルラヨ
애교살에도 발라요

涙袋にも塗ります

ソンッカラゲ　サルッチャク　ムチョヨ
손가락에 살짝 묻혀요

指に少しつけます

動画
◻◀

CHAPTER ❸

손가락으로 펴 바르면 돼요
ソンッカラグロ / ピョ / パルミョン / ドェヨ

指で広げて塗ってください

색깔이 그렇게 진하지 않아요
セッカリ / クロケ / チナジ / アナヨ

色はそんなに濃くないです

> **memo**
> 「濃い」は**진하다**(チナダ)、
> 「薄い」は**연하다**(ヨナダ)。

삼각존에 발라요
サムガクジョネ / パルラヨ

三角ゾーンに塗ります

> **memo**
> 韓国では目尻の下の部分
> を**삼각존**(サムガクジョン) =
> 「三角ゾーン」と呼びます。

연하게 그러데이션을 해 줄게요
ヨナゲ / グロデイショヌル / ヘ / ジュルッケヨ

薄くグラデーションをつけます

이렇게 섀도우를 다 발랐어요
イロケ / シェドウルル / タ / パルラッソヨ

こうしてシャドウをすべて塗りました

뷰러 먼저 할게요
ビュロ / モンジョ / ハルッケヨ

ビューラーを先にしていきます

여러 번 뷰러로 집어요
ヨロ / ボン / ビュロロ / チボヨ

何回かビューラーでつまみます

아이라인을 그려 줄게요
アイライヌル / クリョ / ジュルッケヨ

アイラインを描きます

> **memo**
> 「アイライナー」は
> **아이라이너**(アイライノ)
> といいます。

눈두덩이를 들어 올려요
ヌンットゥドンイルル トゥロ オルリョヨ

うわまぶたを持ち上げます

점막을 채워 줄게요
チョムマグル チェウォ ジュルッケヨ

粘膜を埋めます

라인을 연하게 그릴게요
ライヌル ヨナゲ クリルッケヨ

ラインを薄く描いていきます

마스카라는 이걸 사용해요
マスカラヌン イゴル サヨンヘヨ

マスカラはこれを使用します

마수카라가 뭉쳐요
マスカラガ ムンチョヨ

マスカラがダマになります

> — memo —
> 뭉치다(ムンチダ)は「固まる、一つになる、団結する」という意味があります。

얇게 눈썹을 그릴게요
ヤルケ ヌンッソブル クリルッケヨ

薄く眉毛を描いていきます

눈썹은 모양대로 그릴게요
ヌンッソブン モヤンデロ クリルッケヨ

眉毛は形のままに描いていきます

> — memo —
> 모양(モヤン)は「模様、形」という意味です。

커브처럼 둥글게 그려요
コブチョロム トゥングルゲ クリョヨ

カーブのように丸く描きます

動画 🖵◀

動画

美容❹

チーク&リップ

ブルロショ ヌン　　メンナル　　イゴンマン　　ッソヨ
블러셔는 맨날 이것만 써요

チークは毎日これだけ使います

カル　　タイプ　　ブルロショエヨ
가루 타입 블러셔예요

粉タイプのチークです

ヒムル　チュジ　アンコ　サルサル　トゥドゥリョヨ
힘을 주지 않고 살살 두드려요

力を加えず軽く叩きます

ポイヌン　クデロ　パルセクトェヨ
보이는 그대로 발색돼요

見たままに発色します

イジェ　ナムン　ゴン　リビジョ
이제 남은 건 립이죠

さて残るはリップですね

タンドグロ　パルラド　イェッポヨ
단독으로 발라도 예뻐요

これだけ塗ってもキレイです

> **memo**
> 단독으로(タンドグロ)は
> 「単独で」という意味です。

입술 전체에 발라 줄게요
イプスル　チョンチェエ　パルラ　ジュルッケヨ

唇全体に塗ります

이 립은 안쪽에 발라요
イ　リブン　アンッチョゲ　パルラヨ

このリップは内側に塗ります

조금 강조하듯이 바를게요
チョグム　カンジョハドゥシ　パルルッケヨ

少し強調するように塗っていきます

입술 중앙에만 바를게요
イプスル　チュンアンエマン　パルルケヨ

唇の中央にだけ塗っていきます

動画

처음부터 오버립으로 그려요
チョウムブト　オボリブロ　クリョヨ

初めからオーバーリップで描きます

다시 한번 발라 줄게요
タシ　ハンボン　パルラ　ジュルッケヨ

もう一度塗ります

memo
自分の唇よりも大きくリップを
描くことを**오버립**(オボリブ/
オーバーリップ)といいます。

memo

「チーク」は
何という?

韓国では「チーク」のことを**블러셔**(ブルロ
ショ)=ブラッシャーといいます。または**볼**
(ポル)=「頬」+**터치**(トチ)=タッチという意
味の**볼터치**(ポルトチ)ともいいます。

오늘 먹을 메뉴는...
（オヌル　モグル　メニュヌン）

今日食べるメニューは…

냄새 너무 좋다
（ネムセ　ノム　チョッタ）

> **memo**
> 直訳すると
> 「匂いがとてもいい」。

すごくいい匂い

너무 뜨거워
（ノム　ットゥゴウォ）

すごく熱い

오랜만에 먹어요
（オレンマネ　モゴヨ）

> **memo**
> 장난이 아니다(チャンナニ アニダ)は
> 直訳すると「冗談じゃない」。日本語の
> 「ヤバい、ハンパない」にあたります。

久しぶりに食べます

비주얼이 장난이 아니네요
（ビジュオリ　チャンナニ　アニネヨ）

ビジュアルがヤバいですね

양이 진짜 너무 많아요
（ヤンイ　チンッチャ　ノム　マナヨ）

量が本当にすごく多いです

무슨 맛일지 궁금해요
（ムスン　マシルッチ　クングメヨ）

どんな味なのか気になります

한번 먹어 볼게요
（ハンボン　モゴ　ボルッケヨ）

一度食べてみます

動画 🖵

CHAPTER ❸

식감이 부드러워요
シッカミ プドゥロウォヨ

> **memo**
> 「堅い」は딱딱하다
> (ッタクッタカダ)
> といいます。

食感が柔らかいです

입안에서 살살 녹아요
イバネソ サルサル ノガヨ

> **memo**
> 살살(サルサル)は
> 「優しく、そっと」という
> 意味の副詞です。

口の中で優しく溶けます

전혀 느끼하지 않아요
チョニョ ヌッキハジ アナヨ

> **memo**
> 느끼하다(ヌッキハダ)は
> 「あぶらっこい、くどい」
> という意味です。

全然あぶらっこくないです

살짝 상큼한 맛이 나요
サルッチャク サンクマン マシ ナヨ

> **memo**
> 바삭하다(パサカダ)、
> 바삭바삭하다(パサクパサカダ)
> は「サクサク、バリバリ」と
> いう意味です。

少し爽やかな味がします

겉에는 바삭한데 안에는 부드러워요
コテヌン パサカンデ アネヌン プドゥロウォヨ

外はサクサクだけど中は柔らかいです

너무 맛있어
ノム マシッソ

すごくおいしい

제가 좋아하는 맛이에요
チェガ チョアハヌン マシエヨ

私が好きな味です

맛있다는 말밖에 안 나와
マシッタヌン マルパッケ アン ナワ

おいしいという言葉しか出てこない

같이 먹으니까 맛있어
カチ　モグニッカ　マシッソ

一緒に食べるからおいしい

입맛에 맞아요
イムマセ　マジャヨ

> **memo**
> 입맛에 맞다(イムマセ マッタ)は「口に合う」、입맛이 없다(イムマシ オプタ)は「食欲がない」という意味になります。

口に合います

굉장히 고소해요
クェンジャンヒ　コソヘヨ

ものすごく香ばしいです

오묘한 맛이에요
オミョハン　マシエヨ

奥深い味です

動画
▣◁

시큼한 맛이 나요
シクマン　マシ　ナヨ

酸っぱい味がします

달달해서 맛있어
タルダレソ　マシッソ

甘くておいしい

쫀득쫀득하네요
ッチョンドゥクッチョンドゥカネヨ

もちもちしてますね

적당히 짭짤해요
チョクタンヒ　ッチャプッチャレヨ

いい感じに塩辛いです

CHAPTER ❸

매워서 혀가 아파
メウォソ ヒョガ アパ

辛くて舌が痛い

이거랑 섞어서...
イゴラン ソッコソ

これを混ぜて…

이걸 얹어서...
イゴル オンジョソ

これをのせて…

이걸 싸서...
イゴル ッサソ

これを包んで…

매콤한 소스를 뿌려서...
メコマン ソスルル ップリョソ

ピリ辛いソースをかけて…

소스에 찍어서 먹어요
ソスエ ッチゴソ モゴヨ

ソースにつけて食べます

한입 더 먹어야지
ハンニブ ト モゴヤジ

もう一口食べないと

매콤달콤한 맛이 좋아요
メコムタルコマン マシ チョアヨ

甘辛い味がいいです

> *memo*
> 매콤하다(メコマダ) =「辛い」と
> 달콤하다(タルコマダ) =「甘い」を
> 組み合わせ、매콤달콤하다(メコムタ
> ルコマダ) =「甘辛い」となります。

モクパン❷

食レポ

ソリ　トゥルリセヨ
소리 들리세요?

音、聞こえますか？

エイエスエムアルル　トゥルリョ　ドゥリドロ　カゲッスムニダ
ASMR을 들려 드리도록 하겠습니다

ASMRをお聞かせします

コッペギロ　シキョッソヨ
곱빼기로 시켰어요

大盛りで頼みました

アマ　モグル　ッス　イッケッチョ
아마 먹을 수 있겠죠

たぶん食べられるでしょう

ホンジャソ　モッキエヌン　ヒムドゥロヨ
혼자서 먹기에는 힘들어요

一人で食べるには大変です

ホブロガ　カルリヌン　ウムシギエヨ
호불호가 갈리는 음식이에요

好みが分かれる食べ物です

memo
호불호(ホブロ)は
漢字で表すと「好 不好」。
「好き嫌い」を意味します。

CHAPTER ❸

제가 이걸 못 먹어요
<small>チェガ イゴル モン モゴヨ</small>

私はこれが食べられないです

조합이 굉장히 좋아요
<small>チョハビ クェンジャンヒ チョアヨ</small>

組み合わせがものすごくいいです

여러가지 맛을 즐길 수 있어요
<small>ヨロガジ マスル チュルギル ッス イッソヨ</small>

いろんな味を楽しめます

처음 먹어 보는 음식이에요
<small>チョウム モゴ ボヌン ウムシギエヨ</small>

> *memo*
> 直訳すると
> 「初めて食べてみる
> 食べ物です」。

初めて食べる食べ物です

이게 제일 맛있는 것 같아요
<small>イゲ チェイル マシンヌン ゴッ カタヨ</small>

これが一番おいしいと思います

면을 먹어 보도록 하겠습니다
<small>ミョヌル モゴ ボドロ カゲッスムニダ</small>

麺を食べてみようと思います

면이 쫄깃쫄깃해요
<small>ミョニ ッチョルギッチョルギテヨ</small>

麺にコシがあります

국물을 먹어 보겠습니다
<small>クンムルル モゴ ボゲッスムニダ</small>

> *memo*
> 「飲む」は**마시다**(マシダ) ですが、
> 口語では**먹다**(モクタ) も
> よく使います。

汁を飲んでみます

밥을 투하해요
_{パブル} _{トゥハヘヨ}

ご飯を投下します

밥을 국에 말아서 먹어요
_{パブル} _{クゲ} _{マラソ} _{モゴヨ}

> memo
> ご飯や麺を汁やスープに
> 入れて食べることを말아 먹다
> (マラ モクタ)といいます。

ご飯を汁にいれて食べます

밥이랑 같이 먹어요
_{パビラン} _{カチ} _{モゴヨ}

ご飯と一緒に食べます

진짜 밥도둑이네
_{チンッチャ} _{パプトドゥギネ}

> memo
> 밥도둑(パプトドゥク)は
> 直訳だと「ご飯泥棒」。

ご飯が進むおかずだね

비벼서 같이 먹어요
_{ビビョソ} _{カチ} _{モゴヨ}

> memo
> 비빔밥(ビビムバプ)の비빔
> (ビビム)は비비다(ビビダ)
> =「混ぜる」からきています。

混ぜて一緒に食べます

덜 익은 것 같네요
_{トル} _{イグン} _{ゴッ} _{カンネヨ}

まだ焼けてないみたいです

기름 많은 부위를 좋아하거든요
_{キルム} _{マヌン} _{プウィルル} _{チョアハゴドゥンニョ}

脂が多い部分が好きなんですよ

상추가 다 떨어졌어요
_{サンチュガ} _タ _{ットロジョッソヨ}

> memo
> 떨어지다(ットロジダ)は
> 「落ちる」のほかに「尽きる、
> 切れる」という意味もあります。

サンチュが全部なくなりました

動画

벌써 절반이나 먹었네요

ポルッソ　チョルバニナ　モゴンネヨ

memo
절반(チョルバン)は
漢字だと「折半」。
「半分」という意味です。

もう半分も食べましたね

마지막 한입이에요

マジマク　ハンニビエヨ

最後の一口です

다 먹어 버렸어

タ　モゴ　ボリョッソ

全部食べちゃった

너무 많이 먹었어요

ノム　マニ　モゴッソヨ

memo
「食べすぎました」と
いうニュアンスです。

すごくたくさん食べました

배가 터질 것 같아

ペガ　トジル　ッコッ　カタ

お腹が破裂しそうです

남김없이 다 먹었어요

ナムギモプシ　タ　モゴッソヨ

残さず食べました

먹을 때가 가장 행복해요

モグル　ッテガ　カジャン　ヘンボケヨ

食べるときが一番幸せです

맛있게 먹었어요

マシッケ　モゴッソヨ

おいしく食べました

動画 ▱◁

저희가 드디어 컴백을 했습니다
チョヒガ　トゥディオ　コムベグル　ヘッスムニダ

私たちがついにカムバックしました

1년만에 저희가 컴백했어요
イルリョンマネ　チョヒガ　コムベケッソヨ

1年ぶりに私たちがカムバックしました

> — memo
> 우리(ウリ)も「私たち」の意味で使われますが、저희(チョヒ)はより丁寧な言い方です。

새로운 타이틀곡으로 돌아왔습니다
セロウン　タイトゥルコグロ　トラワッスムニダ

新しいタイトル曲で戻ってきました

완전체로 저희가 돌아왔어요
ワンジョンチェロ　チョヒガ　トラワッソヨ

完全体で私たちが戻ってきました

오늘 녹화도 잘할 수 있을 것 같아요
オヌル　ノクァド　チャラル　ッス　イッスル　ッコッ　カタヨ

今日の収録も上手くできそうです

> — memo
> 番組などの「収録」は녹화(ノクァ)、「生放送」は생방송(センバンソン)といいます。

오랜만에 염색을 했어요
オレンマネ　ヨムセグル　ヘッソヨ

久しぶりに髪を染めました

열심히 준비했습니다
ヨルッシミ　チュンビヘッスムニダ

頑張って準備しました

> — memo
> 사랑해 주세요(サランヘ ジュセヨ) =「愛してください」は「応援してください」というニュアンスで使われます。

많이 사랑해 주실거라고 믿어요
マニ　サランヘ　ジュシルッコラゴ　ミドヨ

たくさん愛してくださると信じています

動画 ▣◀

CHAPTER ❸

리허설하러 왔어요
リホソラロ ワッソヨ

リハーサルしに来ました

스탠바이할게요
ステンバイハルッケヨ

スタンバイします

모니터하겠습니다
モニトハゲッスムニダ

モニターチェックします

끝나자마자 모니터링을 했어요
ックンナジャマジャ　モニトリンウル　ヘッソヨ

終わってすぐモニターチェックをしました

첫방이라 너무 떨렸어요
チョッパンイラ　ノム　ットゥルリョッソヨ

最初の放送なのですごく緊張しました

> memo —
> 첫방(チョッパン)はカムバック後に初めて出演する番組や初放送のこと。첫 방송(チョッパンソン/初放送)の略語です。

사실 에피소드가 있어요
サシル　エピソドゥガ　イッソヨ

実はエピソードがあります

> memo —
> 韓国のアイドルがよく使う에피소드(エピソドゥ)=「エピソード」は日本語の「裏話」のようなニュアンス。

스태프분들을 웃겨서 재밌었어요
ステプブンドゥルル　ウッキョソ　チェミッソッソヨ

スタッフさんたちを笑わせて面白かったです

세트를 보고 깜짝 놀랐어요
セトゥルル　ポゴ　ッカムッチャク　ノルラッソヨ

セットを見てすごく驚きました

멋진 세트를 준비해 주셨어요

素敵なセットを準備してくださりました

세트를 예쁘게 지어 주셨어요

セットをきれいに建ててくださりました

카메라를 못 찾았어요

カメラを見つけられませんでした

memo
서투르다(ソトゥルダ)는
「不慣れだ、ぎこちない、
下手だ」という意味があります。

아직 카메라 보는 게 서툴러요

まだカメラを見るのが苦手です

카메라 공포증이에요

memo
カメラを向けられると緊張してしまうことを카메라 공포증(カメラ コンポチュン)
=「カメラ恐怖症」といいます。

カメラ恐怖症です

저는 엔딩요정이 아니에요

私はエンディング妖精ではありません

memo

エンディング妖精?

韓国の音楽番組ではパフォーマンス終わりに、アイドルの顔をクローズアップすることがしばしば。そのときに表情で魅せるのが上手な人のことを엔딩요정(エンディン ヨジョン)=「エンディング妖精」と呼びます。

CHAPTER ❸

처음 곡을 들었을 때는 너무 좋았어요
<small>チョウム コグル トゥロッスル ッテヌン ノム チョアッソヨ</small>

初めて曲を聴いたときはすごくよかったです

파워풀한 노래예요
<small>パウォプラン ノレエヨ</small>

パワフルな歌です

메시지를 담고 있는 노래예요
<small>メシジルル タムコ インヌン ノレエヨ</small>

> **memo**
> ファンへの思いを
> 綴った曲は **팬송**(ペンソン)
> =「ファンソング」と
> 呼ばれます。

メッセージを込めた歌です

섹시한 노래예요
<small>セクシハン ノレエヨ</small>

セクシーな歌です

청량한 곡이에요
<small>チョンニャンハン コギエヨ</small>

清涼な曲です

상큼한 곡이에요
<small>サンクマン コギエヨ</small>

爽やかな曲です

중독성이 강한 곡이에요
<small>チュンドクソンイ カンハン コギエヨ</small>

中毒性が強い曲です

팬분들도 같이 즐길 수 있는 곡이에요
<small>ペンブンドゥルド カチ チュルギル ッス インヌン コギエヨ</small>

ファンの方も一緒に楽しめる曲です

멋있는 면을 볼 수 있어요
モシンヌン ミョヌル ポル ッス イッソヨ

かっこいい一面を見ることができます

안무 연습하고 있어요
アンム ヨンスパゴ イッソヨ

振り付けを練習しています

안무가 너무 어려워요
アンムガ ノム オリョウォヨ

振り付けがすごく難しいです

memo
「振り付けがすごく大変です」
は안무가 너무 힘들어요
（アンムガ ノム ヒムドゥロヨ）。

반복되는 안무가 많아요
パンボクテェヌン アンムガ マナヨ

繰り返す振り付けが多いです

memo
「同じ振り付けが繰り
返し出てきます」という
ニュアンスで使われます。

이번 퍼포먼스가 진짜 멋있거든요
イボン ポポモンスガ チンッチャ モシッコドゥンニョ

今回パフォーマンスがすごくかっこいいんですよ

킬링파트가 있어요
キルリンパトゥガ イッソヨ

キリングパートがあります

memo
曲の中で強烈な印象を残すパートや見せ場の
ことを**킬링파트(キルリンパトゥ)** と呼びます。**킬링**
（キルリン）は英語の「Killing」に由来します。

動画 □◀

memo

**中毒性の
ある曲**

あまりに中毒性のある曲は「スヌン（大学共
通の入学試験）の前に聴くと頭から離れな
くなり勉強や試験の邪魔になる」ということ
で수능 금지곡（スヌン クムジゴク／スヌン禁
止曲）と呼ばれることがあります。

파트가 너무 마음에 들어요

パートがすごく気に入ってます

형이 부르는 파트가 탐나요

> **memo**
> 탐나다(タムナダ)は「(ほかの人のものが)欲しい、欲しくなる」という意味です。

兄さんが歌うパートがうらやましいです

안무 난이도가 높아졌어요

振り付けの難易度が高くなりました

댄스 브레이크가 있거든요

ダンスブレイクがあるんですよ

포인트 안무 보여 주세요

> **memo**
> 見どころやポイントとなるダンスの振り付けを포인트 안무(ポイントゥ アンム)=「ポイントダンス」といいます。

ポイントダンスを見せてください

따라하기 쉬우니까 따라해 보세요

真似しやすいので真似してみてください

모니터로 보니까 너무 좋았어요

モニターで見たらすごくよかったです

색다르고 좋은 것 같아요

> **memo**
> 색다르다(セクタルダ)は「目新しい、変わっている」という意味。

一味違っていいと思います

기대하셔도 돼요
キデハショド　ドェヨ

期待してくださってもいいですよ

memo
「期待を裏切りませんよ」
というニュアンスで
使われます。

표정을 연구하고 있어요
ピョジョンウル　ヨングハゴ　イッソヨ

表情を研究しています

memo
表情で魅せるのが上手なことは**표정연기
잘하다**(ピョジョンヨンギ チャラダ)
＝「表情演技がうまい」といいます。

이번 곡은 제가 작곡을 했어요
イボン　コグン　チェガ　チャッコグル　ヘッソヨ

今回の曲は私が作曲しました

제가 작사를 맡게 되었습니다
チェガ　チャクサルル　マッケ　ドェオッスムニダ

私が作詞を任されることになりました

아직 무대가 남아 있어요
アジク　ムデガ　ナマ　イッソヨ

まだステージが残ってます

드디어 사녹이 끝났어요
トゥディオ　サノギ　ックンナッソヨ

ついに事前収録が終わりました

memo
番組を事前に収録する事前録画
(サジョンノクァ)＝「事前録画」を
略して**사녹**(サノク)といいます。

오늘 무대 지켜 봤으면 좋겠어요
オヌル　ムデ　チキョ　ボァッスミョン　チョッケッソヨ

今日のステージ、見守ってくれたらうれしいです

인사하고 마무리하겠습니다
インサハゴ　マムリハゲッスムニダ

あいさつして締めたいと思います

memo
마무리(マムリ)には
「仕上げ、締めくくり」
という意味があります。

動画

旅行動画

料理や掃除、勉強をする様子など、何気ない日常をおしゃれな動画で記録した韓国のVlog。なかでも旅行記を映像で綴ったTravel Vlogにはパッキングから旅先での会話まで、リアルな旅行フレーズがたくさんつまっています。

チムル ッサヨ
짐을 싸요
荷物をつめます

セルカボンウン ピルッステミジョ
셀카봉은 필수템이죠
セルカ棒は必須アイテムでしょ

チガブル ノッコ カミョン クニル ナヨ
지갑을 놓고 가면 큰일 나요
財布を置いていったら大変なことになります

ピサンヤグル チェンギョ カル ッコエヨ
비상약을 챙겨 갈 거예요
薬をしっかり持っていきます

> memo
> 비상약（ピサンヤク）=非常薬。
> 日本語の「常備薬」に近い。

モクペゲルル カジョガ ボルッカ
목베개를 가져가 볼까?
ネックピローを持っていこうかな？

> memo
> 목베개（モクペゲ）=首まくら

カメラルル カジョ ガヤ ゲッソ
카메라를 가져 가야 겠어!
カメラを持っていかないと！

ケリオガ ッカアク チャッソヨ
캐리어가 꽉 찼어요
キャリーケースが埋まりました

コクチョン バン ソルレム バニエヨ
걱정 반 설렘 반이에요
心配が半分、わくわくが半分です

> memo
> 緊張もするけれど
> 楽しみな気持ちを表すときに

オディ トゥルロソ ソンムル サルッカ
어디 들러서 선물 살까?
どこか寄ってプレゼント買おうか？

> memo
> おみやげは선물（ソンムル／プレゼント）、
> 기념품（キニョムプム／記念品）といいます。

サジン ッチクチャ
사진 찍자!
写真撮ろう！

チョゴ タボゴ シポ
저거 타보고 싶어!
あれ乗ってみたい！

コリガ チンッチャ イェップダ
거리가 진짜 예쁘다
通りがホントにキレイ

カゴ シポットン ゴセ カソ ップドゥテ
가고 싶었던 곳에 가서 뿌듯해
行きたかったところに行けて満足

> memo
> 뿌듯하다（ップドゥタダ）は
> 「胸がいっぱい」という意味。

CHAPTER

4

K-POP

K-POP

掛け声と声援
コンサート❶

여러분 덕분에
ヨロブン   トゥブネ

잘할 수 있었어요
チャラル ッス イッソッッソヨ

みなさんのおかげで上手くいきました

소리 질러!

memo
「叫ぶ」は소리 지르다（ソリ チルダ）といいます。

ソリ チルロ

叫べ！

뛰어!

ットィオ

跳べ！

점프!

ジョムプ

ジャンプ！

다 같이!

タ ガチ

みんな一緒に！

불러 줘!

プルロ ジュォ

歌って！

손 들어!

memo
英語の「Put your hands up!」と同じように使われます。

ソン トゥロ

手あげて！

박수!

パクス

拍手！

(목소리를) 더 크게!

モクソリルル ト クゲ

（声を）もっと大きく！

K-POP♪

CHAPTER ❹

韓国語	日本語
여기 봐봐요! ヨギ ポァボァヨ	
ここ見て!	
가지 마요! カジ マヨ	memo コンサートが終わりを 迎えそうなときに。
行かないで!	
보여 줘! ポヨ ジュオ	
見せて!	
다시 해 줘! タシ ヘ ジュオ	
もう一回やって!	
손키스 해 주세요! ソンキス ヘ ジュセヨ	memo 「投げキス」は 손키스(ソンキス)。
投げキスしてください!	
손 흔들어 주세요! ソン フンドゥロ ジュセヨ	
手を振ってください!	
앵콜! エンコル	
アンコール!	
울지 마! ウルジ マ	
泣かないで!	

K-POP
コンサート②
アイドルの MC

우리 인사합시다
ウリ　インサハプシダ

私たち、あいさつしましょう

memo
환영합니다(ファニョンハムニダ)は「歓迎します、ようこそ」という意味です。

콘서트에 와 주신 여러분 환영합니다
コンソトゥエ　ワ　ジュシン　ヨロブン　ファニョンハムニダ

コンサートに来てくださった皆さんようこそ

K-POP ♬

오랜만이에요, 여러분
オレンマニエヨ　ヨロブン

お久しぶりです、皆さん

여러분, 잘 지내셨어요?
ヨロブン　チャル　チネショッソヨ

皆さん、お元気でしたか?

이번에는 신곡이 많아요
イボネヌン　シンゴギ　マナヨ

今回は新曲が多いです

memo
コンサートのセットリストを説明するときに。

오프닝부터 새로웠죠?
オプニンブト　セロウォッチョ

オープニングから新鮮だったでしょ?

memo
새롭다(セロプタ)は「真新しい、新しく感じられる」という意味です。

page.101

CHAPTER ④

재밌게 놀다 가세요
<small>チェミッケ ノルダ カセヨ</small>

楽しんでいってください

즐겁게 놀 준비 됐어요?
<small>チュルゴプケ ノル チュンビ ドェッソヨ</small>

楽しく遊ぶ準備できましたか?

다음 곡을 하기 전에...
<small>タウム コグル ハギ ジョネ</small>

次の曲に行く前に…

앞에 좀 나가 볼까요?
<small>アペ チョム ナガ ボルッカヨ</small>

前に少し出てみましょうか?

> **memo**
> アイドルが客席のほうへ近づく
> ときに、メンバー同士でこのように
> 声をかけることがよくあります。

다음 곡으로 가 볼까요?
<small>タウム コグロ カ ボルッカヨ</small>

次の曲へいってみましょうか?

질서 잘 지켜 주세요
<small>チルッソ チャル チキョ ジュセヨ</small>

秩序をよく守ってください

> **memo**
> 押し合いになってしまった
> スタンディング席に向かって
> アイドルが呼びかけるフレーズ。

안전이 제일 중요합니다
<small>アンジョニ チェイル チュンヨハムニダ</small>

安全が一番重要です

매너를 지킬 수 있죠? 여러분?
<small>メノルル チキル ッス イッチョ ヨロブン</small>

マナーを守れますよね?皆さん?

카메라 말고 눈으로 담아 주세요
カメラ｜マルゴ｜ヌヌロ｜タマ｜ジュセヨ

カメラでなく目で収めてください

여러분 진짜 짱이다
ヨロブン｜チンッチャ｜ッチャンイダ

皆さん本当に最高

memo
「最高」は최고(チェゴ)。
짱(ッチャン)は「最高」という
意味のスラングです。

여러분때문에 뜨거워요
ヨロブンッテムネ｜ットゥゴウォヨ

皆さんのせいで熱いです

땀이 많이 흘러요
ッタミ｜マニ｜フルロヨ

汗がたくさん流れます

박수 한번 쳐 주세요
パクス｜ハンボン｜チョ｜ジュセヨ

一度拍手をしてください

여러분 떼창 할 수 있어요?
ヨロブン｜ッテチャン｜ハル｜ッス｜イッソヨ

皆さん合唱できますか？

memo
歌手と観客が一緒になって
歌うことを「떼창(ッテチャン)」
といいます。떼(ッテ)は「群れ」、
창(チャン)は「唱」を意味します。

여러분 따라서 할 수 있어요?
ヨロブン｜ッタラソ｜ハル｜ッス｜イッソヨ

皆さんついてこれますか？

이 노래를 하고 싶었어요
イ｜ノレルル｜ハゴ｜シポッソヨ

この歌が歌いたかったです

memo
「歌う」は노래를 하다(ノレルル ハダ)、
노래를 부르다(ノレルル プルダ)などと
いいます。

K-POP♪

CHAPTER ❹

어제 에 이어서 와 주셔서 감사드립니다
> オジェ エ イオソ ワ ジュショソ カムサドゥリムニダ

昨日に引き続き来てくださりありがとうございます

여기 찾아와 주셔서 감사드립니다
> ヨギ チャジャワ ジュショソ カムサドゥリムニダ

ここに来てくださりありがとうございます

오늘은 진심으로 감사드립니다
> オヌルン チンシムロ カムサドゥリムニダ

今日は本当にありがとうございます

> — memo —
> 진심(チンシム)は「真心」、진심으로(チンシムロ)は「心から」という意味です。

내일도 오시는 분 있을까요?
> ネイルド オシヌン ブン イッスルッカヨ

明日も来てくださる方いますか?

오늘 생일이신 분 있을까요?
> オヌル センイリシン ブン イッスルッカヨ

今日誕生日の方いますか?

에피소드 같은 거 있을까요?
> エピソドゥ カトゥン ゴ イッスルッカヨ

エピソードなどはありますか?

> — memo —
> ライブのトーク中にメンバーに「何か裏話ありませんか?」と話を振るときに。

애교 한번 보여 줄 수 있을까요?
> エギョ ハンボン ボヨ ジュル ッス イッスルッカヨ

愛嬌を見せてもらえますか?

오늘은 너무 즐거웠죠?
> オヌルン ノム チュルゴウォッチョ

今日はすごく楽しかったでしょ?

시간 빨리 가는 것 같죠?
シガン ッパルリ カヌン ゴッ カッチョ

時間があっという間に過ぎていく感じがしますよね？

마지막날이라 슬프죠?
マジマンナリラ スルプジョ

最後の日なので悲しいでしょ？

> **memo**
> コンサート初日を첫콘
> (チョッコン)、最終日を막콘
> (マッコン) といいます。

이제 끝이 나니까 아쉽죠?
イジェ ックチ ナニッカ アシュイプチョ

もう終わりだから名残おしいでしょ？

실수도 좀 있었지만...
シルッスド チョム イッソッチマン

ミスもちょっとあったけど…

> **memo**
> 「ミス」は실수(シルッス)
> といいます。

우여곡절이 있었지만...
ウヨコクチョリ イッソッチマン

紆余曲折があったけど…

처음 하는 말이지만...
チョウム ハヌン マリジマン

初めて言うことだけど…

말 잘 못 하지만...
マル チャル モ タジマン

うまく言葉にできないけど…

콘서트를 즐길 수 있었어요
コンソトゥルル チュルギル ッス イッソッソヨ

コンサートを楽しむことができました

CHAPTER ❹

イ　ムデエ　ソル　ッス　イッソッソヨ
이 무대에 설 수 있었어요

このステージに立つことができました

ムサヒ　コンヨヌル　マチル　ッス　イッソッソヨ
무사히 공연을 마칠 수 있었어요

無事に公演を終えることができました

ヘンボカン　シガヌル　ボネル　ッス　イッソッソヨ
행복한 시간을 보낼 수 있었어요

幸せな時間を送ることができました

アプロド　　　　　ノリョカゲッスムニダ
앞으로도 노력하겠습니다

これからも努力します

> **memo**
> 노력하다(ノリョカダ)は
> 「努力する」。「頑張ります」
> は열심히 하겠습니다(ヨルシ
> ミ ハゲッスムニダ)。

チョウン　ムデ　ポヨ　　ドゥリゲッスムニダ
좋은 무대 보여 드리겠습니다

良いステージをお見せいたします

ヨロブングァエ　ヤクソグル　　　チキゲッスムニダ
여러분과의 약속을 지키겠습니다

皆さんとの約束を守ります

タシ　ッコク　トラオゲッスムニダ
다시 꼭 돌아오겠습니다

また必ず戻ってきます

ケソク　ウッケ　ヘジュル　ッコニッカヨ
계속 웃게 해줄 거니까요

> **memo**
> 웃게 해주다
> (ウッケ ヘジュダ)は
> 「笑わせる、笑顔にする」。

ずっと笑顔にしますから

저희가 옆에 있을 거니까요
チョヒガ ヨペ イッスル ッコニッカヨ

私たちが隣にいますから

내일 또 만날 거니까요
ネイル ット マンナル ッコニッカヨ

明日もまた会えますから

기억에 남았으면 좋겠어요
キオゲ ナマッスミョン チョッケッソヨ

思い出に残ったらうれしいです

> **memo**
> 기억에 남다
> （キオゲ ナムタ）は
> 「記憶に残る、思い出に残る」。

즐겨 주셨으면 좋겠어요
チュルギョ ジュショッスミョン チョッケッソヨ

楽しんでくださったらうれしいです

많이 사랑해 주시면 좋겠어요
マニ サランヘ ジュシミョン チョッケッソヨ

たくさん愛してくださったらうれしいです

조금 기다려 주시면 좋겠어요
チョグム キダリョ ジュシミョン チョッケッソヨ

少し待ってくださったらうれしいです

행복한 추억 만들어 갈 거죠?
ヘンボカン チュオク マンドゥロ カル ッコジョ

幸せな思い出を作っていきますよね?

다음에도 보러 와 주실 거죠?
タウメド ボロ ワ ジュシル ッコジョ

次も見に来てくださりますよね?

K-POP ♪

CHAPTER ❹

저를 기다려 주실거죠?
チョルル　キダリョ　ジュシルッコジョ

私を待っていてくださりますよね？

앞으로도 함께해 주실거죠?
アプロド　ハムッケヘ　ジュシルッコジョ

これからも一緒にいてくださりますよね？

부족한 저를 사랑해 주셔서 감사해요
ブジョカン　チョルル　サランヘ　ジュショソ　カムサヘヨ

未熟な私を愛してくださり感謝します

> — memo —
> 부족하다(ブジョカダ)は
> 「足りない、不足している」
> という意味で、日本語の
> 「未熟だ」という
> ニュアンスで使われます。

많이 보러 와 주셔서 감사해요
マニ　ボロ　ワ　ジュショソ　カムサヘヨ

たくさん見に来てくださり感謝します

같이 걸어 주셔서 감사해요
カチ　コロ　ジュショソ　カムサヘヨ

一緒に歩いてくださり感謝します

무한한 사랑으로 응원해 주셔서 감사해요
ムハナン　サランウロ　ウンウォネ　ジュショソ　カムサヘヨ

無限の愛で応援してくださり感謝します

시간이 빨리 가서 아쉽다
シガニ　ッパルリ　カソ　アシュィプタ

時間があっという間に過ぎてしまって残念

한 명씩 소감 들어 볼까요?
ハン　ミョンッシク　ソガム　トゥロ　ボルッカヨ

> — memo —
> 「感想」は소감(ソガム)
> =「所感」といいます。

一人ずつ感想を聞いてみましょうか？

내년에도 꼭 콘서트 하고 싶어요
ネニョネド　ッコク　コンソトゥ　ハゴ　シポヨ

来年も必ずコンサートしたいです

저는 안 울 거예요
チョヌン　ア　ヌル　ッコエヨ

私は泣きません

> **memo**
> ほかのメンバーが
> MCで泣いてしまった
> ときに。

얘가 우는 거 처음 봤어요
イェガ　ウヌン　ゴ　チョウム　ボァッソヨ

この子が泣くの初めて見ました

앵콜 하나만 남았어요
エンコル　ハナマン　ナマッソヨ

アンコール一つだけ残りました

> **memo**
> 「アンコール残り1曲です」
> というニュアンスで
> 使われます。

K-POP♬

여러분 뭐 듣고 싶어요?
ヨロブン　ムォ　トゥッコ　シポヨ

皆さん、何が聴きたいですか?

우리 기념사진을 찍을까요?
ウリ　キニョムサジヌル　ッチグルッカヨ

僕たち、記念写真を撮りましょうか?

---

memo

「～するつもり」
という言い方

コンサートのフレーズでよく出てきた「～する
つもり」という表現。～ㄹ 것이다(ル　コシダ)
=「～するつもりだ」+ ～죠?(ジョ) =「～で
しょう?」で、「～するつもりでしょう?」「～し
ますよね?」となります。

CHAPTER ④

K-POP

歌詞に出てくる
フレーズ

너에게로 다가가고 싶은데
<small>ノエゲロ　タガガゴ　シプンデ</small>

君に近づきたいのに

내 맘을 전하고 싶은데
<small>ネ　マムル　チョナゴ　シプンデ</small>

私の気持ちを伝えたいのに

너에게서 벗어나고 싶은데
<small>ノエゲソ　ポソナゴ　シプンデ</small>

君から抜け出したいのに

니 손을 잡고 싶은데
<small>ニ　ソヌル　チャプコ　シプンデ</small>

君の手を掴みたいのに

널 놓치기 싫어
<small>ノル　ノッチギ　シロ</small>

君を逃したくない

> **memo**
> ~기 싫어（~ギ シロ）
> は「~したくない」。

이제 얼굴 보기 싫어
<small>イジェ　オルグル　ポギ　シロ</small>

もう顔も見たくない

너랑 헤어지기 싫어

ノラン ヘオジギ シロ

君と別れたくない

꿈에서 깨어나기 싫어

ックメソ ッケオナギ シロ

夢から覚めたくない

널 지켜 줄게

ノル チキョ ジュルッケ

君を守ってあげるよ

내가 잘해 줄게

ネガ チャレ ジュルッケ

僕がよくしてあげるよ

> **memo**
> 잘해주다(チャレジュダ)は直訳すると
> 「よくしてあげる」で、「尽くす、頑張る」
> というニュアンスで使われます。

널 비춰 줄게

ノル ピチュォ ジュルッケ

君を照らしてあげるよ

내가 안아 줄게

ネガ アナ ジュルッケ

僕が抱きしめてあげるよ

널 원하고 있어

ノル ウォナゴ イッソ

> **memo**
> 원하다(ウォナダ)は「欲しい」。
> 널 원해(ノル ウォネ)で
> 「君が欲しい」となります。

君を望んでいる

널 기다리고 있어

ノル キダリゴ イッソ

君を待っている

K-POP ♫

CHAPTER ④

당신을 사랑하고 있어
タンシヌル　サランハゴ　イッソ

あなたを愛している

당신을 바라보고 있어
タンシヌル　パラボゴ　イッソ

あなたを見つめている

너만 있으면 돼
ノマン　イッスミョン　ドェ

君さえいればいい

나만 믿으면 돼
ナマン　ミドゥミョン　ドェ

僕だけ信じればいい

내게 기대도 돼
ネゲ　キデド　ドェ

僕に頼ってもいい

> **memo**
> 기대다(キデダ)は「頼る、寄りかかる」という意味。

내 곁에 있어 줘
ネ　ギョテ　イッソ　ジュオ

僕のそばにいて

날 더 끌어 당겨 줘
ナル　ト　ックロ　タンギョ　ジュオ

僕をもっと引き寄せて

> **memo**
> 끌어 당기다(ックロ タンギダ)は「引き寄せる、手繰り寄せる」という意味。

나를 잊지 말아 줘
ナルル　イッチ　マラ　ジュオ

僕を忘れないで

page.112

가슴 너무 떨리는 걸
<small>카스무 　 노무 　 ттуルリヌン 　 ゴル</small>

胸がすごく震えるんだ

— memo —
~ㄹ/는 걸(ン/ヌン ゴル) が語尾に
つくと「~するんだ」「~なんだもん」
というニュアンスになります。

이런 기분 처음인 걸
<small>イロン 　 キブン 　 チョウミン 　 ゴル</small>

こんな気分初めてなんだ

마음이 움직이는 걸
<small>マウミ 　 ウムジギヌン 　 ゴル</small>

心が動くんだ

너만 찾게 되는걸
<small>ノマン 　 チャッケ 　 ドェヌンゴル</small>

君だけ探すようになるんだ

난 뭐든지 할래
<small>ナン 　 ムォドゥンジ 　 ハルレ</small>

僕は何でもするよ

그냥 고백할래
<small>クニャン 　 コベカルレ</small>

ただ告白するよ

— memo —
「僕の気持ちを受け止めて」
は내 마음을 받아 줘
(ネ マウムル パダジュオ)。

난 포기 안 할래
<small>ナン 　 ポギ 　 ア 　 ナルレ</small>

僕はあきらめないよ

오늘부터 내꺼 할래
<small>オヌルブト 　 ネッコ 　 ハルレ</small>

今日から僕のものにするよ

— memo —
「僕のもの、私のもの」は正しくは
내 거(ネッコ)ですが、歌詞などで
は発音通りに내꺼(ネッコ)と
表記することがあります。

K-POP♫

내 말 들어 줄래?
ネ マル トゥロ ジュルレ

私の言葉聞いてくれる?

> **memo**
> 말(マル) は「言葉、話」。

옆에 있어 줄래?
ヨペ イッソ ジュルレ

隣にいてくれる?

내 손 잡아 줄래?
ネ ソン チャバ ジュルレ

私の手つかんでくれる?

> **memo**
> 손을 잡다(ソヌル チャプタ) は「手をつかむ、手をつなぐ」。

날 믿어 줄래?
ナル ミド ジュルレ

私を信じてくれる?

다들 부러워할 거야
タドゥル プロウォハル ッコヤ

みんなうらやましがるはず

> **memo**
> 〜ㄹ 거야(〜ル ッコヤ) は「〜するだろう、〜するはずだ」という推測、「〜するつもりだ」という意思を表します。

우리 다시 만날 거야
ウリ タシ マンナル ッコヤ

私たちまた会うだろう

계속 널 기다릴 거야
ケソッ ノル キダリル ッコヤ

ずっと待っているよ

너를 잊지 않을 거야
ノルル イッチ アヌル ッコヤ

君を忘れないよ

날 생각하고 있니?
ナル センガカゴ インニ

僕のことを考えてるの？

memo
語尾に~니?(~ニ)をつけると「~するの?」「~なの?」というパンマル(タメロ)の質問文になります。

왜 자꾸 맘이 흔들리니?
ウェ チャック マミ フンドゥルリニ

どうしてしきりに心が揺れるの？

memo
맘(マム)は마음(マウム)＝「心」の略語です。

왜 너만 모르니?
ウェ ノマン モルニ

どうして君だけわからないの？

memo
모르다(モルダ)は「知らない、わからない」。

내 마음이 안 보이니?
ネ マウミ アン ボイニ

私の心が見えないの？

난 울지도 몰라
ナン ウルッチド モルラ

私は泣いてしまうかもしれない

memo
~ㄹ/을지도 모르다(~ル/ウルッチド モルダ)は「~かもしれない」と推測を表します。

다칠지도 몰라
タチルッチド モルラ

ケガをするかもしれない

난 죽을지도 몰라
ナン チュグルッチド モルラ

私は死んでしまうかもしれない

운명일지도 몰라
ウンミョンイルッチド モルラ

運命かもしれない

K-POP♫

오빠 안녕하세요
<small>オッパ　アンニョンハセヨ</small>

オッパ、こんにちは

일본에서 왔어요
<small>イルボネソ　ワッソヨ</small>

日本から来ました

팬싸 처음이에요
<small>ペンッサ　チョウミエヨ</small>

> **memo**
> サイン会を意味する팬싸
> （ペンッサ）は팬싸인회（ペンサイヌェ）
> =「ファンサイン会」の略。

サイン会初めてです

이런 데 처음 왔어요
<small>イロン　デ　チョウム　ワッソヨ</small>

こういうところ初めて来ました

나 기억 안 나요?
<small>ナ　キオク　アン　ナヨ</small>

私のこと覚えてませんか?

기억 못 하는 줄 알았어요
<small>キオク　モ　タヌン　ジュル　アラッソヨ</small>

> **memo**
> 「記憶力がいいですね」
> は**기억력 좋으시네요**（キオン
> ニョク　チョウシネヨ）。

覚えてないかと思いました

데뷔 때부터 팬이에요
<small>デブィ　ッテブト　ペニエヨ</small>

デビューのときからファンです

진짜 오고 싶었어요
<small>チンッチャ　オゴ　シポッソヨ</small>

本当に来たかったです

K-POP♬

하고 싶은 말이 있어요
<small>ハゴ シプン マリ イッソヨ</small>

言いたいことがあります

할 말을 까먹었어요
<small>ハル マルル ッカモゴッソヨ</small>

言うことを忘れちゃいました

> **memo**
> 까먹다(ッカモクタ)は「度忘れする、すっかり忘れる」という意味。

나이 맞춰 보세요
<small>ナイ マッチュオ ボセヨ</small>

年を当ててみてください

> **memo**
> 「私何歳に見えますか」は저 몇 살인 것 같아요(チョ ミョッ サリン ゴッ ガタヨ)。

○○ (이) 랑 동갑이에요
<small>イ ラン トンガビエヨ</small>

○○と同い年です

오빠보다 동생이에요
<small>オッパボダ トンセンイエヨ</small>

オッパより年下です

> **memo**
> 동생(トンセン)は「弟、妹」という意味。「年上」は연상(ヨンサン)、「年下」は연하(ヨナ)。

누나 보고 싶었어?
<small>ヌナ ボゴ シポッソ</small>

ヌナに会いたかった？

누나라고 해 줘
<small>ヌナラゴ ヘ ジュオ</small>

ヌナって言って

> **memo**
> 「ヌナって呼んで」は누나라고 불러 줘(ヌナラゴ プルロ ジュオ)。

나 뭐 바뀐 거 없어요?
<small>ナ ムォ パックィン ゴ オプソヨ</small>

私変わったところないですか？

오빠가 최애예요
오빠가 최애예요

memo
「推し」は최애(チェエ) =「最愛」といいます。

オッパが私の推しです

분위기 달라졌네요
プヌィギ タルラジョンネヨ

雰囲気が変わりましたね

얼굴이 더 작아졌네요
オルグリ ト チャガジョンネヨ

顔がさらに小さくなりましたね

실물이 너무 멋있네요
シルムリ ノム モシンネヨ

実物がすごくカッコいいですね

오빠 손이 따뜻하네요
オッパ ソニ ッタットゥッタネヨ

オッパの手、あったかいですね

오빠 손 진짜 크네요
オッパ ソン チンッチャ クネヨ

オッパの手、本当に大きいですね

K-POP♫

memo

"○○line"って どういう意味?

K-POPファンの間では、同じ年に生まれた人同士のことを西暦下二桁＋line(ライン)といいます。また同じ担当の人同士も例えば「ラッパー line」のように表します。

이거 써 주세요
イゴ ッソ ジュセヨ

これ使ってください

이거 편지예요
イゴ ピョンジエヨ

これ手紙です

이거 선물이에요
イゴ ソンムリエヨ

これプレゼントです

오빠 생각나서 샀어요
オッパ センガンナソ サッソヨ

オッパが思い浮かんで買いました

인형을 가져 왔어요
イニョンウル カジョ ワッソヨ

ぬいぐるみを持ってきました

> — memo —
> 인형(イニョン)＝
> 「人形、ぬいぐるみ」。

오빠 닮았지 않아요?
オッパ タルマッチ アナヨ

オッパに似てないですか？

제가 꽃을 준비했어요
チェガ ッコチュル チュンビヘッソヨ

私が花を準備しました

> — memo —
> 花束なら
> 꽃다발(コッタバル)。

오늘은 내 생일이에요
オヌルン ネ センイリエヨ

今日は私の誕生日です

생일 축하 노래 불러 주세요
センイル チュカ ノレ プルロ ジュセヨ

誕生日の歌、歌ってください

애교 보여 주면 안 돼요?
エギョ ポヨ ジュミョン アン ドェヨ

愛嬌見せてくれませんか?

깍지 한번 하면 안 돼요?
ッカクチ ハンボン ハミョン アン ドェヨ

恋人つなぎしてくれませんか?

> **memo**
> 「恋人つなぎ」は
> 깍지(ッカクチ)、
> 손깍지(ソンッカクチ)。

보조개 보여 주세요
ポジョゲ ポヨ ジュセヨ

えくぼ見せてください

머리 쓰담쓰담 해 주세요
モリ ッスダムッスダム ヘ ジュセヨ

頭なでてください

저번에 팬싸 때 준 거 기억나요?
チョボネ ペンッサ ッテ チュン ゴ キオンナヨ

前回サイン会のときあげたもの覚えてますか?

memo

**「なでなで」を
お願いしたい
ときは?**

쓰담쓰담(ッスダムッスダム) は「なでなで」、
쓰담쓰담하다(ッスダムッスダマダ) は「なでな
でする」という意味です。「なでる」という意
味の쓰다듬다(ッスダドゥムダ) に由来します。

도전하는 모습이 멋있어요
トジョナヌン　モスビ　モシッソヨ

挑戦する姿がかっこいいです

오빠 노래를 많이 들어요
オッパ　ノレルル　マニ　トゥロヨ

オッパの歌をたくさん聴いています

오빠 커버곡 자주 들어요
オッパ　コボゴク　チャジュ　トゥロヨ

オッパのカバー曲よく聴いています

노래 듣고 힘이 됐어요
ノレ　トゥッコ　ヒミ　トェッソヨ

歌を聴いて力になりました

내가 오히려 고마워요
ネガ　オヒリョ　コマウォヨ

> memo
> 오히려(オヒリョ)は
> 「むしろ、かえって、逆に」
> という意味です。

私がむしろありがたいです

가수가 되어 줘서 고마워요
カスガ　トェオ　ジュォソ　コマウォヨ

歌手になってくれてありがとうございます

오빠가 내 마지막 아이돌이에요
オッパガ　ネ　マジマク　アイドリエヨ

オッパが私の最後のアイドルです

덕질 많이 할게요
トクチル　マニ　ハルッケヨ

> memo
> 덕질(トクチル)は덕후(トク)＝「オタク」＋질(チル)
> ＝「～する」を組み合わせた덕후질(トクチル)の
> 略で「オタク活動」のこと。

オタ活たくさんします

최근에 외운 일본어 뭐가 있어요?

チェグネ ウェウン イルボノ ムォガ イッソヨ

最近覚えた日本語は何がありますか？

일본에서 가고 싶은 데가 있어요?

イルボネソ カゴ シプン デガ イッソヨ

日本で行きたいところはありますか？

일식 중에 뭘 제일 좋아해요?

イルシク チュンエ ムォル チェイル チョアヘヨ

日本食の中で何が一番好きですか？

> **memo**
> 일식(イルシク)은 일본음식
> (イルボンウムシク)の略で「日本食」
> という意味で使われます。

일본에도 와 주세요

イルボネド ワ ジュセヨ

日本にも来てください

일본에서도 팬미팅 해 주세요

イルボネソド ペンミティン ヘ ジュセヨ

日本でもファンミしてください

다음에 또 올게요

タウメ ット オルッケヨ

次また来ます

저를 잊지 마요

チョルル イッチ マヨ

私を忘れないでください

다음에 봐요

タウメ ボァヨ

また会いましょう

K·POP♫

직접 보고 싶은데...
<small>チクチョプ ポゴ シプンデ</small>

直接会いたいけど…

영통이라서 아쉬워요
<small>ヨントンイラソ アシュィウォヨ</small>

ビデオ電話だから残念です

화면이 멈춰 있어요
<small>ファミョニ モムチュォ イッソヨ</small>

画面が止まっています

와이파이가 안 터져요
<small>ワイパイガ アン トジョヨ</small>

Wi-Fiがつながらないです

> **memo**
> 電波が繋がりませんは
> **전파가 안 잡혀요**(チョンパガ
> アン チャピョヨ)。

K-POP♩

목소리가 작아요
<small>モクソリガ チャガヨ</small>

声が小さいです

못 들었어요
<small>モッ トゥロッソヨ</small>

聞こえませんでした

딜레이가 있어요
<small>ディルレイガ イッソヨ</small>

遅延があります

> **memo**
> 「遅延、遅れること」は
> 英語の「delay」に由来する
> **딜레이**(ディルレイ)を使います。

잘 들리면 애교 해 줘요
<small>チャル トゥルリミョン エギョ ヘ ジュオヨ</small>

ちゃんと聞こえたら愛嬌してください

CHAPTER 4

화면이 안 보여요
ファミョニ　アン　ボヨヨ

画面が見えません

얼굴 가까이에서 보여 줘요
オルグル　カッカイエソ　ボヨ　ジュオヨ

顔を近くで見せてください

오빠가 너무 빛나서 안 보여요
オッパガ　ノム　ピンナソ　アン　ボヨヨ

オッパがまぶしすぎて見えません

> memo
> 直訳すると「オッパが
> すごく輝いていて
> 見えません」。

오빠가 있으니까 제가 있어요
オッパガ　イッスニッカ　チェガ　イッソヨ

オッパがいるから私がいます

오빠가 없으면 못 살아요
オッパガ　オプスミョン　モッ　サラヨ

オッパがいなかったら生きていけません

오빠를 사랑하는 사람이 많아요
オッパルル　サランハヌン　サラミ　マナヨ

オッパのことを大好きな人がたくさんいます

그걸 알아줬으면 좋겠어요
クゴル　アラジュオッスミョン　チョケッソヨ

それをわかってくれたらうれしいです

고맙다고 하고 싶었어요
コマプタゴ　ハゴ　シポッソヨ

ありがとうと言いたかったです

memo

大成功、大ヒットすることを**大박 나다**(テバン ナダ)といいます。

이번 앨범 대박 나자
イボン　エルボム　テバク　ナジャ

今回のアルバム、大ヒットしますように

우리 언제 만날 수 있을까
ウリ　オンジェ　マンナル　ッス　イッスルッカ

私たちいつ会えるかな

일본에서 기다리고 있을게
イルボネソ　キダリゴ　イッスルッケ

日本で待ってるね

돈 벌어서 기다리고 있을게
トン　ボロソ　キダリゴ　イッスルッケ

お金稼いで待ってるね

시간이 다 됐어요
シガニ　タ　ドェッソヨ

時間になりました

이제 가야겠다
イジェ　カヤゲッタ

もう行かないと

다시 올게
タシ　オルッケ

また来るね

우리 또 봐요
ウリ　ット　ボァヨ

私たちまた会いましょう

K-POP♫

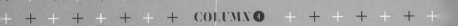

アイドルと仲良くなる会話

ヨントンやサイン会は限られた時間でいかに楽しく話ができるかがカギ。最近は**드립**（ドゥリ プ）というギャグを交えて推しとの会話を盛り上げるファンもいます。ここではそんな**드립**（ド ゥリプ）を使ったやりとりの一例を紹介します。

やりとり①　　　天使が空から落ちてきた！

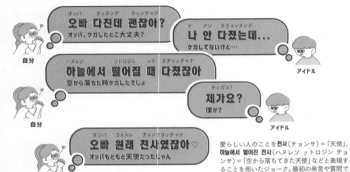

> オッパ　タッチンデ　クェンチャナ
> **오빠 다친데 괜찮아?**
> オッパ、ケガしたとこ大丈夫？

> ナ　アン　タチョッヌンデ
> **나 안 다쳤는데...**
> ケガしてないけど…

> ハヌレソ　　　ットロジル　ッテ　タチョッチャナ
> **하늘에서 떨어질 때 다쳤잖아**
> 空から落ちた時ケガしたでしょ

> チェガヨ？
> **제가요?**
> 僕が？

> オッパ　ウォルレ　チョンサヨッチャナ
> **오빠 원래 천사였잖아♡**
> オッパもともと天使だったじゃん

愛らしい人のことを**천사**（チョンサ）＝「天使」、 **하늘에서 떨어진 천사**（ハヌレソ ットロジン チョ ンサ）＝「空から落ちてきた天使」などと表現す ることを用いたジョーク。最初の発言や質問で 困惑させて最後にギャグで落ち（？）をつける のが**드립**（ドゥリプ）の定番です。

やりとり②　　　博物館で私だけ捕まった!?

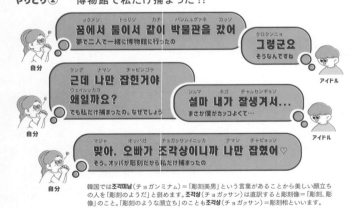

> ックメソ　　トゥリソ　カチ　パンムルグァネ　　カッソ
> **꿈에서 둘이서 같이 박물관을 갔어**
> 夢で二人で一緒に博物館に行ったの

> クロクンニョ
> **그렇군요**
> そうなんですね

> クンデ　ナマン　チャビンゴヤ
> **근데 나만 잡힌거야**
> でも私だけ捕まったの。なぜでしょう
> ウェイルッカヨ？
> **왜일까요?**

> ソルマ　ネガ　チャルセンギョソ
> **설마 내가 잘생겨서...**
> まさか僕がカッコよくて…

> マジャ　オッパガ　チョガクサンイニッカ　ナマン　チャビョッソ
> **맞아. 오빠가 조각상이니까 나만 잡혔어♡**
> そう。オッパが彫刻だから私だけ捕まったの

韓国では**조각미남**（チョガンミナム）＝「彫刻美男」という言葉があることから美しい顔立ち の人を「彫刻のようだ」と褒めます。**조각상**（チョガッサン）は直訳すると彫刻像＝「彫刻、彫 像」のこと。「彫刻のような顔立ち」のことも**조각상**（チョガッサン）＝彫刻相といいます。

CHAPTER

5

SNS

SNS

アイドルの投稿

항상 응원해 줘서 고마워요
ハンサン　ウンウォネ　ジュオソ　コマウォヨ
いつも応援してくれてありがとうございます

지금 뭐하고 있어요?
チグム　ムォハゴ　イッソヨ
今、何をしていますか?

열기를 느낄 수 있었어요!
ヨルギルル ヌッキル ッス イッソッソヨ

熱気が感じられました！

memo
コンサートやイベント
の後の一言。

여기까지 올 수 있었어요!
ヨギッカジ オル ッス イッソッソヨ

ここまで来ることができました！

memo
보내다(ボネダ)は「送る」
ですが、「(時間を)過ごす」
という意味もあります。

좋은 시간을 보낼 수 있었어요!
チョウン シガヌル ボネル ッス イッソッソヨ

良い時間を過ごすことができました！

컴백할테니까 응원해 주세요
コムベカルテニッカ ウンウォネ ジュセヨ

カムバックするので応援してください

셀카 올릴테니까 기대해 주세요
セルカ オルリルテニッカ キデヘ ジュセヨ

セルカアップするので楽しみにしてください

또 찾아올테니까 기다려요
ット チャジャオルテニッカ キダリョヨ

またやって来るので待っていてください

memo
「待っていてください」
は기다려 주세요
(キダリョ ジュセヨ)
と言うこともできます。

무대를 볼 준비되셨나요?
ムデルル ボル チュンビドェションナヨ

ステージを見る準備はできましたか？

즐거운 시간 보내셨나요?
チュルゴウン シガン ボネションナヨ

楽しい時間を過ごしましたか？

S
N
S

CHAPTER ❺

본방사수하셨나요?
ポンバンサスハションナヨ

リアルタイムでご覧になりましたか？

활동이 종료되었습니다
ファルットンイ　チョンニョドェオッスムニダ

活動が終了しました

활동이 마무리되었습니다
ファルットンイ　マムリドェオッスムニダ

活動が締めくくられました

OST가 공개되었습니다
オエスティガ　コンゲドェオッスムニダ

OSTが公開されました

음원이 공개되었습니다
ウムォニ　コンゲドェオッスムニダ

音源が公開されました

멋있는 무대 보여드릴게요!
モシンヌン　ムデ　ポヨドゥリルッケヨ

かっこいいステージをお見せします！

나날이 발전하는 모습 보여드릴게요!
ナナリ　パルチョナヌン　モスプ　ポヨドゥリルッケヨ

日々成長する姿をお見せします！

또 다른 매력들을 보여드릴게요!
ット　タルン　メリョクトゥルル　ポヨドゥリルッケヨ

また別の魅力をお見せします！

1위라는 게 실감이 나지 않아요
イルィラヌン ゲ シルガミ ナジ アナヨ

1位という実感が湧かないです

memo
「〜ということ」は〜라는 게
(ラヌン ゲ)。게(ゲ)は것이
(ゴシ)を縮約した形です。

끝났다는 게 실감이 나지 않아요
クンナッタヌン ゲ シルガミ ナジ アナヨ

終わったという実感が湧かないです

3년이나 지났다는 게 믿기지 않아요
サムニョニナ チナッタヌン ゲ ミッキジ アナヨ

3年も過ぎたというのが信じられないです

막공이라는 게 믿기지 않아요
マッコンイラヌン ゲ ミッキジ アナヨ

最後の公演だなんて信じられないです

memo
「最終日の公演」は막공
(マッコン)、「初日の
公演」は첫공(チョッコ
ン)といいます。

오늘도 함께해 줘서 고마워요
オヌルド ハムッケヘ ジュォソ コマウォヨ

今日も一緒にいてくれてありがとう

생일 축하해 줘서 고마워요
センイル チュカヘ ジュォソ コマウォヨ

誕生日を祝ってくれてありがとう

큰 선물 주셔서 감사합니다
クン ソンムル ジュショソ カムサハムニダ

大きなプレゼントをくださりありがとうございます

감동과 행복을 주셔서 감사합니다
カムドングァ ヘンボグル ジュショソ カムサハムニダ

感動と幸せをくださりありがとうございます

SNS

CHAPTER ❺

곁에 있어 주셔서 감사합니다
キョテ イッソ ジュショソ カムサハムニダ

そばにいてくださりありがとうございます

사랑을 주셔서 감사합니다
サランウル ジュショソ カムサハムニダ

愛をくださりありがとうございます

걱정했었는데 잘할 수 있었어요
コクチョンヘッソッヌンデ チャラル ッス イッソッッソヨ

心配してたけど上手くできました

팬미팅을 했는데 좋은 추억이 됐어요
ペンミティンウル ヘンヌンデ チョウン チュオギ ドェッソヨ

ファンミーティングをしたんだけど、良い思い出になりました

추워졌는데 감기 조심하세요!
チュウォジョンヌンデ カムギ チョシマセヨ

寒くなったけど風邪に気をつけてください!

비 온다는데 우산 챙기고 가요
ビ オンダヌンデ ウサン チェンギゴ カヨ

雨が降るそうなので、傘を持って出かけてください

추억이 하나 더 생긴 것 같아요
チュオギ ハナ ト センギン ゴッ カタヨ

思い出がまた一つできたみたいです

> — memo —
> 하나(ハナ) は「一つ」、더
> (ト) は「もっと」という
> 意味で、日本語とは語順
> が逆の하나 더(ハナ ト) が
> 自然な表現になります。

잊지 못할 날이 된 것 같아요
イッチ モタル ナリ トェン ゴッ カタヨ

忘れられない日になったみたいです

page.134

음악과 퍼포먼스로 보답할게요
ウマックァ ポポモンスロ ボダパルッケヨ

音楽とパフォーマンスで恩返しします

> **memo**
> 보답하다(ボダパダ)は「報いる、応える」という意味。

여러분들을 행복하게 해드릴게요
ヨロブンドゥルル ヘンボカゲ ヘドゥリルッケヨ

皆さんを幸せにします

> **memo**
> 直訳は「皆さんを幸せにして差し上げます」。

멤버들의 사진을 공개할게요
メムボドゥレ サジヌル コンゲハルッケヨ

メンバーの写真を公開します

여러분의 빛이 되어 줄게요
ヨロブネ ピチ トェオ ジュルッケヨ

皆さんの光になります

> **memo**
> 直訳は「皆さんの光になってあげます」。

조심히 들어가세요
チョシミ トゥロガセヨ

気をつけて帰ってください

S N S 📱

주말이니까 푹 쉬세요
チュマリニッカ プク シュィセヨ

週末だからゆっくり休んでください

좋은 꿈 꾸세요
チョウン ックム ックセヨ

いい夢を見てください

밥 맛있게 드세요
パム マシッケ トゥセヨ

ご飯おいしく召し上がってください

> **memo**
> 맛있게 드세요(マシッケトゥセヨ)は食事をする人へのあいさつのような決まり文句です。

관심과 응원을 부탁드립니다
クァンシムックァ ウンウォヌル プタクトゥリムニダ

関心と応援をお願いいたします

많은 사랑을 부탁드립니다
マヌン サランウル プタクトゥリムニダ

> **memo**
> 応援をお願いする
> ときの決まり文句。

たくさんの愛をお願いいたします

오늘도 본방사수 부탁드려요
オヌルド ボンバンサス プタクトゥリョヨ

今日もリアルタイムの視聴をお願いします

방송 놓치면 후회합니다
パンソン ノッチミョン フフェハムニダ

> **memo**
> 「番組を観ないと後悔しますよ」
> というニュアンスで、視聴を
> 促す際に使われます。

放送を逃したら後悔します

티비 앞에서 만나요!
ティビ アペソ マンナヨ

テレビの前で会いましょう!

다음에 또 만나요!
タウメ ット マンナヨ

次にまた会いましょう!

다음 영상에서 만나요!
タウム ヨンサンエソ マンナヨ

次の動画で会いましょう!

3시간 뒤에 만나요!
セシガン トゥイエ マンナヨ

> **memo**
> 配信や番組の
> オンエア、イベントなどの
> 前に使われます。

3時間後に会いましょう!

앞으로도 좋은 추억 만들어요
アプロド　　　チョウン　チュオク　マンドゥロヨ

これからも良い思い出を作りましょう

memo
추억(チュオク)の後に
「〜を」を意味する
을(ウル)をつけてもOK。

앞으로도 같이 걸어가요
アプロド　　　カチ　コロガヨ

これからも一緒に歩いて行きましょう

앞으로도 저희와 함께해요
アプロド　　　チョヒワ　ハムッケヘヨ

これからも私たちと一緒にいましょう

앞으로도 곁에 있을게요
アプロド　　　キョテ　イッスルッケヨ

これからもそばにいますね

S
N
S
📱

연휴 잘 보내고 있어요?
ヨニュ　チャル　ポネゴ　イッソヨ

連休、元気に過ごしていますか？

memo
直訳は「連休、よく
過ごしていますか？」。

건강히 잘 쉬고 있어요?
コンガンヒ　チャル　シュィゴ　イッソヨ

しっかり休めていますか？

memo
直訳は「健康によく
休んでいますか？」。

memo

韓国の祝日

韓国では旧暦の1月1日前後は설날(ソルラル)、旧暦の8月15日前後は추석(チュソク／秋夕）という大型連休。アイドルもお休みをとり、家族と過ごすことが多いです。

CHAPTER ⑤

조금만 있으면 만날 수 있어요
少ししたら会えます

조금만 기다리면 컴백해요
少しだけ待ったらカムバックします

아래 링크에서 확인하세요
下のリンクから確認してください

방송을 통해 확인하세요
放送を通して確認してください

> **memo**
> 「詳細は番組で」という
> ニュアンスで、番組を宣伝
> する際に使われます。

생일 축하 메시지가 왔어요
誕生日を祝うメッセージが届きました

로그인해서 동영상의 풀버전을 보세요
ログインして動画のフルバージョンを見てください

지금 바로 만나 보세요
今すぐ会ってみてください

> **memo**
> 新曲や番組、記事
> などが公開された
> 際に使われます。

지금 바로 다운로드하세요
今すぐダウンロードしてください

> **memo**
> 「ダウンロードして
> ください」は다운 받으세요
> (ダウン パドゥセヨ)とも。

지금 바로 시작됩니다
チグム　バロ　シジャクトエムニダ

今すぐ始まります

지금 바로 체크해 주세요
チグム　バロ　チェクヘ　ジュセヨ

今すぐチェックしてください

화보 비하인드 영상과 함께 공개됩니다
ファボ　ビハインドゥ　ヨンサングァ　ハムッケ　コンゲドェムニダ

写真集のビハインド映像と一緒に公開されます

비하인드가 나왔습니다!
ビハインドゥガ　ナワッスムニダ

ビハインドが出ました！

라인업을 공개합니다
ラインノブル　コンゲハムニダ

ラインナップを公開します

S
N
S

유튜브에서 최초 공개됩니다
ユトゥブエソ　チェチョ　コンゲドェムニダ

YouTubeで最速で公開されます

> **memo**
> 直訳は「YouTubeで最初に公開されます」。

구독과 알림 설정 필수!
クドックァ　アルリム　ソルッチョン　ピルッス

チャンネル登録と通知設定、必須！

> **memo**
> YouTubeのチャンネル登録のことを구독(クドク)＝「購読」といいます。

채널에서 만나요!
チェノレソ　マンナヨ

チャンネルで会いましょう！

표 구하기 힘들었어요
ピョ　クハギ　ヒムドゥロッソヨ

チケット買うのが大変でした

> **memo**
> **~기 힘들다**(ギ ヒムドゥルダ)で「~するのが大変だ」という意味になります。

연타를 해서 자리를 잡았어요
ヨンタルル　ヘソ　チャリルル　チャバッソヨ

連打して席を取りました

> **memo**
> 韓国ではチケットの購入は販売サイトでの先着順が一般的で、自分で席を選ぶシステムです。

티켓팅에 성공해서 다행이었어요
ティケッティンエ　ソンゴンヘソ　タヘンイオッソヨ

チケットがうまく取れて良かったです

> **memo**
> 「チケットを取ること」を**티켓팅**（ティケッティン）といいます。

혼자 가서 좀 외로웠어요
ホンジャ　カソ　チョム　ウェロウォッソヨ

一人で行ったので少しさびしかったです

SNS 📱

굿즈 샀어요
グッジュ　サッソヨ

グッズを買いました

티셔츠 샀어요
ティショチュ　サッソヨ

Tシャツ買いました

줄 많이 서 있어요
チュル　マニ　ソ　イッソヨ

人がたくさん並んでます

> **memo**
> 「並ぶ」は**줄 서다**（チュル ソダ）といいます。

엄청난 인파였어요
オムチョンナン　インパヨッソヨ

ものすごい人出でした

키링 두개 샀어요
<small>キリン トゥゲ サッソヨ</small>

キーリング2つ買いました

친구랑 교환했어요
<small>チングラン キョファネッソヨ</small>

友達と交換しました

몇 개 더 사올걸
<small>ミョッ ケ ト サオルッコル</small>

何個かもっと買えばよかった

최애만 매진됐어
<small>チェエマン メジンドェッソ</small>

推しだけ売り切れだった

랜덤이니까 더 사고 싶어
<small>レンドミニッカ ト サゴ シポ</small>

ランダムだからもっと買いたい

슬로건을 나눠 줬어요
<small>スルロゴヌル ナヌォ ジュオッソヨ</small>

スローガンを分けてくれました

---

memo

「スローガン」とは？

韓国では、アイドルを応援するときにアイドルの名前や写真が印刷された紙や布をよく使います。これは슬로건(スルロゴン) =「スローガン」と呼ばれ、コンサート会場で他のファンに配ったりすることもあります。

콘서트 너무 신났어요

memo
신나다(シンナダ)は
ウキウキしたテンション
を表します。

コンサート、すごく楽しかったです

완벽한 무대였어요

完璧なステージでした

알차고 좋았어요

memo
알차다(アルチャダ)は
「詰まっている、充実
している」という意味。

充実しててよかったです

열기가 장난 아니었어

熱気が半端なかった

옆의 분이랑 같이 응원했어요

隣の人と一緒に応援しました

이번이 진짜 역대급였어요

memo
역대급(ヨクテクプ)は漢字では
「歴代級」で、「過去最高、史上
最高のレベル」という意味。

今回が本当に史上最高でした

어제보다 훨씬 재밌었어요

昨日よりもはるかに楽しかったです

시작부터 에너지가 넘쳐 흘렀어요

最初からエナジーがあふれ出ていました

S
N
S

CHAPTER ❺

멀리 있어서 가까이에서 보진 못했어
_{モルリ} _{イッソ} _{カッカイエソ} _{ポジン} _{モテッソ}

遠くにいて近くで見れなかった

> — memo —
> 「近くで」は가까이에서
> (カッカイエソ) と가까이서
> (カッカイソ) のどちらも
> 使われます。

난 망원경으로 얼굴 봤어요
_{ナン} _{マンウォンギョンウロ} _{オルグル} _{ボァッソヨ}

私は望遠鏡で顔を見ました

가까이에서 본 사람이 부럽다
_{カッカイエソ} _{ボン} _{サラミ} _{ブロプタ}

近くで見た人がうらやましい

멤버들 엄청 가까이서 봤어요
_{メムボドゥル} _{オムチョン} _{カッカイソ} _{ボァッソヨ}

メンバーをものすごく近くで見ました

뭐니뭐니해도 가까이서 보는 게 최고야
_{ムォニムォニヘド} _{カッカイソ} _{ポヌン} _ゲ _{チェゴヤ}

何といっても近くで見るのが最高だ

가끔 뒷쪽도 바라봐 주면 좋겠어
_{カックム} _{トゥィッチョクト} _{パラボァ} _{ジュミョン} _{チョケッソ}

たまに後ろも見てくれたらいいのに

소리 많이 질렀어요
_{ソリ} _{マニ} _{チルロッソヨ}

たくさん叫びました

큰 공연장 안에 울려 퍼졌어요
_{クン} _{コンヨンジャン} _{アネ} _{ウルリョ} _{ポジョッソヨ}

> — memo —
> コンサートの会場の
> ことを공연장(コンヨン
> ジャン/公演場)と
> いいます。

大きな会場の中に響き渡りました

환호 대신 박수로 응원했어요
ファノ テシン パクスロ ウンウォネッソヨ

歓声の代わりに拍手で応援しました

음원보다 라이브가 훨씬 좋았다
ウムォンボダ ライブガ フォルッシン チョアッタ

音源よりライブがはるかによかった

> **memo**
> ~보다(ポダ) で「~より」という比較を表します。

계속 울었어요
ケソク ウロッソヨ

ずっと泣いていました

응원봉 열심히 흔들었어요
ウンウォンボン ヨルッシミ フンドゥロッソヨ

ペンライト、頑張って振りました

> **memo**
> 「ペンライト」は응원봉(ウンウォンボン/応援棒) といいます。

슬로건 미친듯이 흔들었어요
スルロゴン ミチンドゥシ フンドゥロッソヨ

スローガン、狂ったように振りました

슬로건 보여 줬더니 웃어 줬어요
スルロゴン ポヨ ジュオットニ ウソ ジュオッソヨ

スローガン見せたら笑ってくれました

S N S 📱

---

memo

さまざまなペンライト

ペンライトは응원봉(ウンウォンボン) =「応援棒」以外にも、야광봉(ヤガンボン) =「夜光棒」ともいいます。形が多種多様なばかりか、最近はアプリと連動した高性能のペンライトもあります。

CHAPTER ❺

가장 좋았던 것은 솔로 무대예요
<ruby>가<rt>カジャン</rt></ruby><ruby>장<rt></rt></ruby> <ruby>좋<rt>チョアットン</rt></ruby><ruby>았던<rt></rt></ruby> <ruby>것<rt>ゴスン</rt></ruby><ruby>은<rt></rt></ruby> <ruby>솔로<rt>ソルロ</rt></ruby> <ruby>무대예요<rt>ムデエヨ</rt></ruby>

一番良かったのはソロステージです

유닛 곡들도 모두 좋았어요
<ruby>유닛<rt>ユニッ</rt></ruby> <ruby>곡들도<rt>コクトゥド</rt></ruby> <ruby>모두<rt>モドゥ</rt></ruby> <ruby>좋았어요<rt>チョアッソヨ</rt></ruby>

ユニット曲も全部よかったです

가장 기억에 남았어요
<ruby>가장<rt>カジャン</rt></ruby> <ruby>기억에<rt>キオゲ</rt></ruby> <ruby>남았어요<rt>ナマッソヨ</rt></ruby>

一番記憶に残りました

왕자 콘셉트가 잘 어울려요
<ruby>왕자<rt>ワンジャ</rt></ruby> <ruby>콘셉트가<rt>コンセプトゥガ</rt></ruby> <ruby>잘<rt>チャル</rt></ruby> <ruby>어울려요<rt>オウルリョヨ</rt></ruby>

王子様コンセプトがよく似合います

의상 퀄리티가 매번 좋아요
<ruby>의상<rt>ウィサン</rt></ruby> <ruby>퀄리티가<rt>クォルリティガ</rt></ruby> <ruby>매번<rt>メボン</rt></ruby> <ruby>좋아요<rt>チョアヨ</rt></ruby>

衣装のクオリティーが毎回いいです

듣고 싶었던 노래는 다 들었어요
<ruby>듣고<rt>トゥッコ</rt></ruby> <ruby>싶었던<rt>シポットン</rt></ruby> <ruby>노래는<rt>ノレヌン</rt></ruby> <ruby>다<rt>タ</rt></ruby> <ruby>들었어요<rt>トゥロッソヨ</rt></ruby>

聴きたかった歌はすべて聴きました

첫 콘서트 치고 만족스러웠어요
<ruby>첫<rt>チョッ</rt></ruby> <ruby>콘서트<rt>コンソトゥ</rt></ruby> <ruby>치고<rt>チゴ</rt></ruby> <ruby>만족스러웠어요<rt>マンジョクスロウォッソヨ</rt></ruby>

最初のコンサートにしては満足でした

나 오열할 줄 알았어
<ruby>나<rt>ナ</rt></ruby> <ruby>오열할<rt>オヨラル</rt></ruby> <ruby>줄<rt>ッチュル</rt></ruby> <ruby>알았어<rt>アラッソ</rt></ruby>

私、号泣するかと思った

> **memo**
> ～줄 알았다(チュル アラッタ)
> で「～と思った」という意味
> を表します。

오빠 눈이 글썽글썽했어

memo
글썽글썽하다
(クルッソングルッソンハダ)
は「涙ぐむ」という意味。

オッパ オッパの目がウルウルしてた

여러 감정을 느낀 콘서트였어요

いろんな感情を感じたコンサートでした

잊지 못할 콘서트가 됐어

忘れられないコンサートになった

이 감정을 공유하고 싶어

memo
「チケット代」は
티켓값(ティケッカプ)
といいます。

この感情を共有したい

콘서트 티켓값이 아깝지가 않아요

コンサートのチケット代が惜しくないです

S
N
S

이번 콘서트도 역시 최고였어

今回のコンサートもやっぱり最高だった

콘서트 뒤풀이 해야겠어

コンサートの打ち上げしないと

나중에 DVD로 봐야겠다

memo
~야겠다(ヤゲッタ)は
「~なければ」という意味
で、独り言で使われます。

後でDVDで見ないと

SNS

インスタの投稿

#맞팔
マッパル

#相互フォロー

#팔로우미
パルロウミ

#フォローミー

#선팔
ソンパル

#先にフォロー

#선팔하면맞팔
ソンパラミョンマッパル

#先にフォローしたら私もします

#친구해요
チングヘヨ

#友達になりましょう

#소통해요
ソトンヘヨ

memo
소통(ソトン)は「疎通、コミュニ
ケーション」という意味でよく
使われる単語です。

#つながりましょう

사진 잘 보고 가요
サジン チャル ポゴ ガヨ

写真見ました

memo
直訳は「写真よく見て
いきます」。コメント欄で
よく使われるフレーズです。

사진 예쁘게 담으셨네요
サジン イェップゲ タムションネヨ

写真きれいですね

memo
直訳は
「写真きれいに
収めましたね」。

잠시 디엠 가능하신가요?
チャムシ ディエム カヌンハシンガヨ

少しDMできますでしょうか?

여기 진짜 최고다
ヨギ チンッチャ チェゴダ

ここ本当に最高だ

귀여워서 한 장 더
クィヨウォソ ハン ジャン ト

かわいいからもう一枚

memo
かわいすぎて思わず
写真をもう一枚
撮るときの一言。

또 와야지
ット ワヤジ

また来なきゃ

저장해야겠어
チョジャンヘヤゲッソ

保存しとかないと

memo
「(写真やデータを)保存する」
という意味で저장(チョジャン/
貯蔵)が使われます。

나도 거기 가 보고 싶다
ナド コギ カ ボゴ シプタ

私もそこ行ってみたい

SNS📱

CHAPTER ❺

#카페맛집
^{カペマッチブ}

> **memo**
> 맛집(マッチブ)は
> 「おいしい店」と
> いう意味です。

#カフェおいしい店

#맛집추천
^{マッチブチュチョン}

#おいしい店お勧め

#카페투어
^{カペトゥオ}

> **memo**
> カフェツアーとは
> 何ヵ所もカフェを
> 巡ること。

#カフェツアー

#홈카페
^{ホムカペ}

#ホームカフェ

#홈베이킹
^{ホムベイキン}

#ホームベイキング

#인스타푸드
^{インスタプドゥ}

#インスタフード

#카페그램
^{カペグレム}

#カフェスタグラム

#점심시간
^{チョムシムシガン}

> **memo**
> 「昼食、ランチ」は
> 점심(チョムシム)
> といいます。

#ランチタイム

오늘은 당이 필요한 날
オヌルン　タンイ　ピリョハン　ナル

memo
甘いものを食べる
ときに使われる
表現です。

今日は糖分が必要な日

따뜻한 커피 한잔
ッタットゥタン　コピ　ハンジャン

温かいコーヒー一杯

아까워서 못 먹을 것 같아
アッカウォソ　モン　モグル　ッコッ　カタ

もったいなくて食べられないかも

여유로운 시간을 보냈어요
ヨユロウン　シガヌル　ポネッソヨ

余裕のある時間を過ごしました

소중한 내 시간
ソジュンハン　ネ　シガン

大切な私の時間

분위기까지 최고
プヌィギッカジ　チェゴ

雰囲気まで最高

예쁘게 잘 나왔어요
イェップゲ　チャル　ナワッソヨ

memo
直訳は「きれいに
よく出ました」。

きれいに撮れました

마음에 드는 사진
マウメ　トゥヌン　サジン

お気に入りの写真

チャット用語

親しい人とのチャットやTwitterなどのSNS上では、入力を省略するため、各単語を子音や母音だけに崩して表現することも。日本語の「www」のような表記から、あいづちやあいさつを略したものまで、たくさん種類があります。

クク
ㅋㅋㅋ
笑笑笑

フフフ
ㅎㅎㅎ
フフフ

ㅠㅠㅠ
ㅠㅠㅠ
泣泣泣

カムサ
ㄱㅅ (감사の略)
感謝

スゴ
ㅅㄱ (수고の略)
お疲れ

ノノ
ㄴㄴ (노노の略)
NO NO

チュカ
ㅊㅋ (축하の略)
おめでとう

オケ
ㅇㅋ (오케이の略)
OK

チェソン
ㅈㅅ (죄송の略)
ごめんなさい

バイバイ / ッパイッパイ
ㅂㅂ / ㅃㅃ
(바이바이 / 빠이빠이の略)
バイバイ

オディ
ㅇㄷ (어디の略)
どこ

ウンウン
ㅇㅇ (응응の略)
うんうん

サランヘヨ
ㅅㄹㅎㅇ (사랑해요の略)
愛してるよ

クェンチャナ
ㄱㅊ (괜찮아の略)
大丈夫

カジャ
ㄱㅈ (가자の略)
行こう

リプライにも
ぴったり

CHAPTER

6

V LIVE

CHAPTER ⑥

V LIVE

アイドルと
ファンのやりとり

저희도 빨리 컴백하고 싶어요
<small>チョヒド　ッパルリ　コムベカゴ　シポヨ</small>
私たちも早くカムバックしたいです

여러분 너무 보고 싶어요
<small>ヨロブン　ノム　ボゴ　シポヨ</small>
皆さんにすごく会いたいです

page.154

밥 먹었어요?
<ruby>밥<rt>パム</rt></ruby> <ruby>먹었어요<rt>モゴッソヨ</rt></ruby>?

ご飯食べましたか？

네, 먹었어요
<ruby>네<rt>ネ</rt></ruby>, <ruby>먹었어요<rt>モゴッソヨ</rt></ruby>

はい、食べました

피곤해 보여요
<ruby>피곤해<rt>ピゴネ</rt></ruby> <ruby>보여요<rt>ボヨヨ</rt></ruby>

疲れて見えます

> — memo —
> 応用で「幸せそうに見えます」は
> 행복해 보여요(ヘンボケ ボヨヨ)
> となります。

살이 빠지니까 그래요
<ruby>살이<rt>サリ</rt></ruby> <ruby>빠지니까<rt>ッパジニッカ</rt></ruby> <ruby>그래요<rt>クレヨ</rt></ruby>

痩せたからそう見えるんですよ

> — memo —
> 「痩せる」は살이 빠지다
> (サリ ッパジダ)＝「肉が
> 落ちる」といいます。

요즘 잘 쉬고 있어요?
<ruby>요즘<rt>ヨジュム</rt></ruby> <ruby>잘<rt>チャル</rt></ruby> <ruby>쉬고<rt>シュィゴ</rt></ruby> <ruby>있어요<rt>イッソヨ</rt></ruby>?

最近ちゃんと休んでますか？

네, 어제 많이 잤어요
<ruby>네<rt>ネ</rt></ruby>, <ruby>어제<rt>オジェ</rt></ruby> <ruby>많이<rt>マニ</rt></ruby> <ruby>잤어요<rt>チャッソヨ</rt></ruby>

はい、昨日たくさん寝ました

오늘의 TMI 뭐예요?
<ruby>오늘<rt>オヌレ</rt></ruby>의 TMI <ruby>뭐예요<rt>ティエマイ ムォエヨ</rt></ruby>?

今日のTMI何ですか？

> — memo —
> TMIとはToo Much Informationの
> 略で「どうでもいい情報、些細な情報」
> という意味です。

딱히 없어요
<ruby>딱히<rt>ッタキ</rt></ruby> <ruby>없어요<rt>オプソヨ</rt></ruby>

特にないです

V LIVE ▶

CHAPTER ❻

브이앱 언제까지 할 거예요?
ブイエプ　オンジェッカジ　ハル　ッコエヨ

Vライブいつまでやりますか？

30분정도 생각하고 있어요
サムシップンジョンド　センガカゴ　イッソヨ

30分程度で考えてます

머리 길었네요
モリ　キロンネヨ

> ── memo ──
> 머리(モリ) は「頭」
> ですが、「髪」という
> 意味でも使われます。

髪伸びましたね

머리 길어져서 잘라야겠어
モリ　キロジョソ　チャルラヤゲッソ

髪伸びたから切らなきゃ

점심 뭘 먹었어요?
チョムシム　ムオル　モゴッソヨ

> ── memo ──
> 점심(チョムシム) を아침(アチム) =
> 「朝食」、저녁(チョニョク) =「夕食」と
> 入れ替えることもできます。

お昼何を食べましたか？

돈가스를 먹었어요
トンカスルル　モゴッソヨ

> ── memo ──
> 「トンカツ」は
> 돈까스(トンッカス)
> ともいいます。

トンカツを食べました

흑발 언제 해요?
フクパル　オンジェ　ヘヨ

いつ黒髪にしますか？

그건 모르겠어요
クゴン　モルゲッソヨ

それはわからないです

오빠 지금 어디예요?

オッパ今どこですか？

저는 지금 회사예요

memo アイドルが言う場合の「会社」は「事務所」という意味です。

私は今、会社です

머리색 무슨 색이에요?

髪の色、何色ですか？

애쉬그레이예요

アッシュグレーです

요즘 자주 듣는 노래는?

最近よく聴いてる歌は？

저희 앨범을 들어요

自分たちのアルバムを聴きます

지금 쌩얼이에요?

今スッピンですか？

네, 완전 쌩얼이에요

はい、完全にスッピンです

V LIVE ▶

CHAPTER ❻

여행을 간다면 어디 가고 싶어요?
ヨヘンウル カンダミョン オディ カゴ シポヨ

旅行に行くならどこへ行きたいですか？

저는 미국에 가 보고 싶어요
チョヌン ミグゲ カ ボゴ シポヨ

私はアメリカに行ってみたいです

가방안에 뭐가 들어 있어요?
カバンアネ ムォガ トゥロ イッソヨ

鞄の中に何が入っていますか？

향수랑 핸드폰이에요
ヒャンスラン ヘンドゥポニエヨ

香水と携帯です

내일이 시험이에요
ネイリ シホミエヨ

明日テストです

시험 화이팅!!
シホム ファイティン

テストファイト！！

> **memo**
> 「ファイト」は
> 파이팅(パイティン) とも
> 表記されます。

컴백이 다가와서 기뻐요
コムベギ タガワソ キッポヨ

カムバックが近づいてうれしいです

저도 기뻐요
チョド キッポヨ

私もうれしいです

page.158

근황이 어때요?
クヌァンイ　オッテヨ

近況はどうですか?

그냥 계속 연습하고 있어요
クニャン　ケソク　ヨンスパゴ　イッソヨ

ただずっと練習しています

> **memo**
> 그냥(クニャン)は「ただ、なんとなく」という意味で、話し言葉でよく使われます。

내일의 콘서트 가요
ネイレ　コンソトゥ　カヨ

明日のコンサート行きます

진짜요? 기다리고 있을게요
チンッチャヨ　キダリゴ　イッスルッケヨ

ホントに?待ってますね

오빠랑 결혼하는 방법이 있어요?
オッパラン　キョロナヌン　パンボビ　イッソヨ

オッパと結婚する方法はありますか?

V LIVE ▶

그런 건 없어요
クロン　ゴン　オブソヨ

そういうものはありません

반지 어디 건지 알려 주세요
パンジ　オディ　コンジ　アルリョ　ジュセヨ

指輪どこのものか教えてください

팬분이 주신 거예요
ペンブニ　チュシン　コエヨ

ファンの方が下さったものです

> **memo**
> 팬(ペン) =「ファン」を丁寧に指し、팬분(ペンブン) =「ファンの方」といいます。

립스틱 발랐어요?
_{リプスティク　パルラッソヨ}

リップ塗りましたか?

안 발랐어요
_{アン　パルラッソヨ}

塗ってないです

> **memo**
> 否定の안(アン) を使った表現。「塗りました」という時は안を取ればOKです。

피부 상태 유지 팁이 있어요?
_{ピブ　サンテ　ユジ　ティビ　イッソヨ}

肌の状態を維持するコツありますか?

> **memo**
> 「コツ」は팁(ティプ) =「TIP」といいます。

화장을 안 하면 좋아져요
_{ファジャンウル　ア　ナミョン　チョアジョヨ}

化粧をしなければ良くなります

핑크색 머리 할 생각이 있어요?
_{ピンクセク　モリ　ハル　センガギ　イッソヨ}

ピンクの髪にするつもりはありますか?

안타깝게도 없어요
_{アンタッカプケド　オプソヨ}

残念ながらないです

스포 해 주세요
_{スポ　ヘ　ジュセヨ}

ネタバレしてください

> **memo**
> 스포(スポ) は스포일러(スポイルロ／スポイラー) の略で「ネタバレ」を意味します。

스포 할게 아직 없어요
_{スポ　ハルケ　アジク　オプソヨ}

まだネタバレするものがありません

다른 멤버는 어디에 있어요?
タルン　　メムボヌン　　オディエ　　イッソヨ

ほかのメンバーはどこにいますか?

방에서 쉬고 있어요
パンエソ　　シュィゴ　　イッソヨ

部屋で休んでいます

안 졸려요?
アン　チョルリョヨ

眠くないですか?

memo
「眠いです」は否定の안を
取り졸려요(チョルリョヨ)
となります。

아직 졸리지는 않아요
アジク　　チョルリジヌン　　アナヨ

まだ眠くはないです

어제 공연 끝나고 뭐했어요?
オジェ　コンヨン　ックンナゴ　ムォヘッソヨ

昨日、公演終わって何しましたか?

밥 먹고 바로 잤어요
パム　モクコ　パロ　チャッソヨ

ご飯食べてすぐ寝ました

호텔 룸메이트 누구예요?
ホテル　ルムメイトゥ　ヌグエヨ

ホテルのルームメイトは誰ですか?

memo
「ルームメイト」は
略して룸메(ルムメ)
ともいいます。

저 혼자 쓰고 있어요
チョ　ホンジャ　ッスゴ　イッソヨ

私一人で使っています

V
L
I
V
E
▶

V LIVE

ファンからの コメント

ホンジャガ アニヤ
혼자가 아니야

一人じゃないよ

キデド クェンチャナ
기대도 괜찮아

頼ってもいいよ

ホンジャソ アプジ マヨ
혼자서 아프지 마요

一人で苦しまないでください

> *memo*
> 아프다(アプダ)は「痛い、具合が悪い、苦しい」などの意味があります。

カムギ コルリジ マヨ
감기 걸리지 마요

風邪ひかないでください

オッ ッタットゥタゲ イボヨ
옷 따뜻하게 입어요

服暖かく着てください

ネイルル ウィヘ チャム プク チャヨ
내일을 위해 잠 푹 자요

明日のためにたくさん寝てください

> *memo*
> 「~のために」は
> ~을/를 위해
> (ウル/ルル ウィヘ)
> といいます。

좋은 꿈 꾸길 바랄게
チョウン ックム ックギル パラルッケ

いい夢を見てね

memo — 直訳は「いい夢を見ることを願ってる」。簡単に 좋은 꿈 꿔요（チョウン ックム ックォヨ）でもOK。

내일 보자
ネイル ポジャ

明日会おう

언제까지나 네 곁에 있을게
オンジェッカジナ ネ ギョテ イッスルッケ

いつまでも君のそばにいるよ

한걸음씩 같이 걸어가자
ハンゴルムッシク カチ コロガジャ

一歩ずつ一緒に歩いて行こう

멀리서도 응원할게요
モルリソド ウンウォナルッケヨ

遠くでも応援してるよ

너의 모든 계절을 함께 할게
ノエ モドゥン ケジョルル ハムッケ ハルッケ

君のすべての季節を共にするよ

memo — 「ずっと一緒にいるよ」のようなニュアンスで、記念日などのお祝いのメッセージなどで使われます。

힘든시간 견뎌내줘서 고마워
ヒムドゥンシガン キョンデョネジュォソ コマウォ

辛い時期を耐えてくれてありがとう

데뷔해 줘서 고마워
デビュヘ ジュォソ コマウォ

デビューしてくれてありがとう

V LIVE ▶

CHAPTER ❻

오늘도 힐링 해 줘서 고마워
<ruby>오<rt>オ</rt></ruby><ruby>늘<rt>ヌ</rt></ruby><ruby>도<rt>ルド</rt></ruby> <ruby>힐<rt>ヒ</rt></ruby><ruby>링<rt>ルリン</rt></ruby> <ruby>해<rt>ヘ</rt></ruby> <ruby>줘<rt>ジュォ</rt></ruby><ruby>서<rt>ソ</rt></ruby> <ruby>고<rt>コ</rt></ruby><ruby>마<rt>マ</rt></ruby><ruby>워<rt>ウォ</rt></ruby>

今日も癒してくれてありがとう

내 앞에 나타나 줘서 고마워
ネ アペ ナタナ ジュォソ コマウォ

私の前に現れてくれてありがとう

우리 곁에 와 줘서 고마워
ウリ ギョテ ワ ジュォソ コマウォ

私たちのそばに来てくれてありがとう

오빠가 생각하고 가는 길이 맞아요
オッパガ センガカゴ カヌン キリ マジャヨ

オッパが考えて進む道はあってますよ

오빠는 나에게 특별한 존재예요
オッパヌン ナエゲ トゥクピョラン チョンジェエヨ

オッパは私にとって特別な存在です

힘들거나 지칠 때 우리를 찾아 줘
ヒムドゥルゴナ チチル ッテ ウリルル チャジャ ジュォ

大変だったり疲れた時、私たちを見つけて

> **memo**
> 「私たち(ファン)のこと
> を思い出して」という
> ようなニュアンスです。

자랑스러운 우리 오빠
チャランスロウン ウリ オッパ

自慢の私たちのオッパ

난 언제나 오빠 편이에요
ナン オンジェナ オッパ ピョニエヨ

> **memo**
> 「~の味方」は
> ~편(ピョン)と
> いいます。

私はいつでもオッパの味方です

기다리고 기다리던 오빠 생일
キダリゴ　キダリドン　オッパ　センイル

待ちに待ったオッパの誕生日

태어나 줘서 고마워
テオナ　ジュオソ　コマウォ

生まれてくれてありがとう

> **memo**
> 丁寧に言うときは最後に요(ヨ)を付けましょう。

오늘이 유난히 더 행복하길
オヌリ　ユナニ　ト　ヘンボカギル

今日がとりわけ幸せなことを願うよ

> **memo**
> 直訳は「今日がとりわけ幸せなことを」。바랄게(パラルッケ) =「願うよ」が省略された形です。

매일이 오늘처럼 행복하길
メイリ　オヌルチョロム　ヘンボカギル

毎日が今日みたいに幸せなことを願うよ

가장 행복한 하루 보냈으면 좋겠다
カジャン　ヘンボカン　ハル　ポネッスミョン　チョケッタ

一番幸せな一日を送ってくれたらうれしい

V
L
I
V
E
▶

생일 진심으로 축하해
センイル　チンシムロ　チュカヘ

誕生日心からおめでとう

오히려 내가 선물을 가득 받았네
オヒリョ　ネガ　ソンムルル　カドゥク　パダンネ

むしろ私がプレゼントをたくさん貰ったね

너보다 내가 더 기뻐
ノボダ　ネガ　ト　キッポ

君より私の方がうれしい

사랑하는 우리 오빠
サランハヌン ウリ オッパ

愛する私たちのオッパ

— memo —
韓国では生まれてからや
交際してからなど、スタート
してから100日経った日を
記念日として祝います。

오빠를 알게 된 지 100일 됐어요
オッパルル アルゲ ドェンジ ペギル ドェッソョ

オッパを好きになって100日が経ちました

입덕한 순간부터 매일 행복해요
イプトカン スンガンブト メイル ヘンボケョ

オタクになってから毎日が幸せです

— memo —
입덕(イプトク) は
「入+(オ)タク」という
意味で、オタクになる
こと、あるものや人に
ハマることを指します。

항상 행복하게 웃었으면 좋겠다
ハンサン ヘンボカゲ ウソッスミョン チョケッタ

いつも笑ってくれたらうれしい

웃는 일만 가득했으면 좋겠어요
ウンヌン イルマン カドゥケッスミョン チョケッソョ

笑うことだけでいっぱいになったらうれしいです

누구보다 진심인 거 다 알아
ヌグボダ チンシミン ゴタ アラ

誰よりも本気なことをみんな知ってるよ

— memo —
진심(チンシム) は
「真心、本気」と
いう意味。

열심히 하는 사람이라는 걸 알아
ヨルシミ ハヌン サラミラヌン ゴル アラ

一生懸命やる人だってこと知ってるよ

최선을 다하는 사람이라는 걸 알아
チェソヌル タハヌン サラミラヌン ゴル アラ

最善を尽くす人ということを知ってるよ

우리가 많이 사랑하는 거 알지?
_{ウリガ マニ サランハヌン ゴ アルジ}

私たちがたくさん愛してること知ってるでしょ？

오빠 덕분에 행복할 때가 많아
_{オッパ トクブネ ヘンボカル ッテガ マナ}

オッパのおかげで幸せな時が多いの

신곡 너무 기대된다
_{シンゴク ノム キデドェンダ}

新曲すごく楽しみ

> **― memo ―**
> 목이 빠지다(モギ ッパジダ)
> は直訳で「首が抜ける」。「首を
> 長くして待つ」という意味。

목이 빠져라 기다리고 있어요
_{モギ ッパジョラ キダリゴ イッソヨ}

ひたすらずーっと待ってます

빨리 완곡 듣고 싶어
_{ッパルリ ワンゴク トゥッコ シポ}

> **― memo ―**
> 완곡(ワンゴク)は漢字で
> 「完曲」と書き、「フル、曲の
> 最後まで」という意味です。

早くフルで聴きたい

콘서트에서 무대 하는 거 보고 싶어
_{コンソトゥエソ ムデ ハヌン ゴ ボゴ シポ}

コンサートでステージしてるとこ見たい

응원봉 빨리 갖고 싶다
_{ウンウォンボン ッパルリ カッコ シプタ}

ペンライト早くほしい

모든 파트가 킬링파트야
_{モドゥン パトゥガ キルリンパトゥヤ}

すべてのパートがキリングパート

V LIVE ▶

CHAPTER ❻

죽기 전에 이걸 꼭 들어야 돼
<ruby>죽기<rt>チュッキ</rt></ruby> <ruby>전에<rt>ジョネ</rt></ruby> <ruby>이걸<rt>イゴル</rt></ruby> <ruby>꼭<rt>ッコク</rt></ruby> <ruby>들어야<rt>トゥロヤ</rt></ruby> <ruby>돼<rt>ドェ</rt></ruby>

死ぬ前にこれを必ず聴かないとダメだ

앨범 사고 나니까 돈이 없네
<ruby>앨범<rt>エルボム</rt></ruby> <ruby>사고<rt>サゴ</rt></ruby> <ruby>나니까<rt>ナニッカ</rt></ruby> <ruby>돈이<rt>トニ</rt></ruby> <ruby>없네<rt>オムネ</rt></ruby>

アルバム買ったらお金が無くなった

오늘 죽어도 여한 없어
<ruby>오늘<rt>オヌル</rt></ruby> <ruby>죽어도<rt>チュゴド</rt></ruby> <ruby>여한<rt>ヨハン</rt></ruby> <ruby>없어<rt>オプソ</rt></ruby>

今日死んでも悔いはない

> **memo**
> 찰떡(チャルットク)は「もち米で
> できた餅」のことですが、「ぴったり
> 合う」という意味でも使われます。

이번 컨셉이 완전 찰떡이다
<ruby>이번<rt>イボン</rt></ruby> <ruby>컨셉이<rt>コンセビ</rt></ruby> <ruby>완전<rt>ワンジョン</rt></ruby> <ruby>찰떡이다<rt>チャルットギダ</rt></ruby>

今回のコンセプトがぴったり合ってる

오늘도 고생 많았어요
<ruby>오늘도<rt>オヌルド</rt></ruby> <ruby>고생<rt>コセン</rt></ruby> <ruby>많았어요<rt>マナッソヨ</rt></ruby>

今日もお疲れ様でした

바쁘겠지만 건강 잘 챙겨요
<ruby>바쁘겠지만<rt>パップゲッチマン</rt></ruby> <ruby>건강<rt>コンガン</rt></ruby> <ruby>잘<rt>チャル</rt></ruby> <ruby>챙겨요<rt>チェンギョヨ</rt></ruby>

忙しいと思うけど体に気を付けてね

걱정과 부담감 내려놔요
<ruby>걱정과<rt>コクチョングヮ</rt></ruby> <ruby>부담감<rt>プダムガム</rt></ruby> <ruby>내려놔요<rt>ネリョヌァヨ</rt></ruby>

心配とプレッシャーは感じないでね

> **memo**
> 直訳は「心配と
> 負担感はおろし
> て置いてね」。

행복해 보여서 나도 너무 행복해
<ruby>행복해<rt>ヘンボケ</rt></ruby> <ruby>보여서<rt>ボヨソ</rt></ruby> <ruby>나도<rt>ナド</rt></ruby> <ruby>너무<rt>ノム</rt></ruby> <ruby>행복해<rt>ヘンボケ</rt></ruby>

幸せそうに見えるから私も幸せ

page.168

맏내와 막내의 조합이 너무 좋아

マンネワ　マンネエ　チョハビ　ノム　チョア

兄さんと末っ子のコンビすごくいい

memo
맏내(マンネ)は一番年上だけど末っ子のようなメンバーに使われる愛称です。

저렇게 즐거워하는 거 처음 봐

チョロケ　チュルゴウォハヌン　ゴ　チョウム　ボァ

あんなに楽しんでるの初めて見る

오빠가 웃으면 나도 따라 웃게 돼

オッパガ　ウスミョン　ナド　ッタラ　ウッケ　ドェ

オッパが笑ったら私もつられちゃうよ

하고 싶은 거 다 해

ハゴ　シプン　ゴ　タ　ヘ

やりたいこと全部やりな

오빠가 귀여운 건 온 세상 다 알아

オッパガ　クィヨウン　ゴン　オン　セサン　タ　アラ

オッパがかわいいことは世界中が知ってるよ

빨리 단독공연 할 수 있으면 좋겠다

ッパルリ　タンドッコンヨン　ハル　ッス　イッスミョン　チョケッタ

早く単独公演できたらいいな

애들아 데뷔 100일 축하해

イェドゥラ　デブィ　ペギル　チュカヘ

みんなデビュー 100日おめでとう

memo
애들아(イェドゥラ)の直訳は「この子たち」。かなり親しい間柄や目下の人への呼びかけなので、使う際は注意。

돔 투어 꼭 하자

ドム　トゥオ　ッコク　ハジャ

ドームツアー必ずしよう

V LIVE ▶

오빠가 최고!
オッパガ チェゴ

オッパが最高！

모두 다 잘한다!
モドゥ タ チャランダ

何でも上手！

역시 오빠야
ヨクッシ オッパヤ

さすがオッパ！

정말 대단해
チョンマル テダネ

本当にすごい

완전 멋져요
ワンジョン モッチョヨ

memo
완전(ワンジョン)は漢字で
「完全」と書き、「すごく、とても」
という意味を持ちます。

すごく素敵です

잘 됐네요
チャル ドェンネヨ

memo
「上手くいきましたね、
よかったですね」という
ニュアンスです。

よくやりましたね

훌륭하네요
フルリュンハネヨ

素晴らしいですね

센스 짱이에요
センス ッチャンイエヨ

memo
짱(ッチャン)は
「最高」という意味。

センスがいいです

page.171

우리 오빠 진짜 춤 잘 춰요
ウリ　オッパ　チンッチャ　チュム　チャル　チュオヨ

私たちのオッパはダンスが本当に上手いです

댄스 머신처럼 잘하네요
デンス　モシンチョロム　チャラネヨ

ダンスマシーンみたいに上手いですね

> *memo*
> 댄스 머신(デンス モシン)は
> ダンスの実力が特に優れて
> いる人のことをいいます。

춤 실력이 늘었어
チュム　シルリョギ　ヌロッソ

踊りの実力が伸びた

동작이 정확하고 깔끔해
トンジャギ　チョンファカゴ　ッカルックメ

動作が正確できれい

> *memo*
> 「信じられないくらい
> 動きがきれい」という
> ニュアンスです。

춤선이 이렇게 예쁠 수가 있나?
チュムソニ　イロケ　イェップル　ッスガ　インナ

ダンスのラインがこんなにきれいなことがある?

춤선이 날카로워졌어
チュムソニ　ナルカロウォジョッソ

ダンスのラインが鋭くなった

> *memo*
> 춤선(チュムソン)とは
> 「踊るときの動き、
> ライン」という意味。

손끝 발끝까지 섬세하다
ソンックッ　パルックッカジ　ソムセハダ

指先、足先まで繊細だ

동작 하나하나가 예뻐
トンジャク　ハナハナガ　イェッポ

動作一つ一つがきれい

인성이 순해요
<small>インソンイ スネヨ</small>

人柄が穏やかです

순수해 보여요
<small>スンスヘ ボヨヨ</small>

純粋に見えます

다정하고 착해요
<small>タジョンハゴ チャケヨ</small>

思いやりがあって優しいです

순진하고 귀여워요
<small>スンジナゴ クィヨウォヨ</small>

無邪気でかわいいです

섹시하고 멋져요
<small>セクシハゴ モッチョヨ</small>

セクシーでかっこいいです

너무 예뻐요
<small>ノム イェッポヨ</small>

すごくきれいです

> **memo**
> 예쁘다(イェップダ)は「きれい、かわいい」の両方の意味を持ちます。

실제 나이보다 젊어 보여요
<small>シルッチェ ナイボダ チョルモ ボヨヨ</small>

実年齢より若く見えます

얼굴이 열일하네
<small>オルグリ ヨルリラネ</small>

顔が頑張ってるね

> **memo**
> 直訳すると「顔が一生懸命働いている」=「イケメンだね」という意味です。

V LIVE ⏵

CHAPTER ❻

가까이서 봐도 얼굴이 완벽해
_{カッカイン ボァド オルグリ ワンビョケ}

近くで見ても顔が完璧

미모가 업그레이드됐네요
_{ミモガ オプクレイドゥドェンネヨ}

美貌がアップグレードされましたね

얼굴을 가려도 빛이 나요
_{オルグルル カリョド ビチ ナヨ}

顔を隠しても光ってます

오빠만의 매력이 있어요
_{オッパマネ メリョギ イッソヨ}

オッパだけの魅力があります

꽃보다 오빠 얼굴이 예뻐요
_{ッコッポダ オッパ オルグリ イェッポヨ}

花よりもオッパの顔がきれいです

너무 예뻐서 숨을 못 쉬겠어요
_{ノム イェッポン スムル モッ シュイゲッソヨ}

すごくきれいで息できないです

다리가 길어요
_{タリガ キロヨ}

脚が長いです

왜 그렇게 다리가 길어요?
_{ウェ クロケ タリガ キロヨ}

なんでそんなに脚が長いんですか？

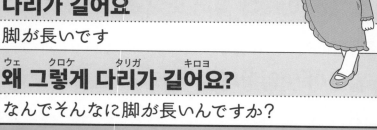

page.174

목소리가 너무 좋아요
모クッソリガ / ノム / チョアヨ

声がすごくいいです

목소리를 들으면 녹아 버려요
モクッソリルル / トゥルミョン / ノガ / ボリョヨ

声を聴いたら溶けてしまいます

허스키한 목소리가 매력적이네요
ホスキハン / モクッソリガ / メリョクッチョギネヨ

ハスキーな声が魅力的ですね

목소리가 아주 부드러워요
モクッソリガ / アジュ / プドゥロウォヨ

声がすごくやさしいです

> **memo**
> 直訳は「声がすごく
> やわらかいです」。

눈이 예뻐요
ヌニ / イェッポヨ

目がきれいです

눈이 보석 같아요
ヌニ / ボソク / カタヨ

目が宝石みたいです

생각보다 키가 크네요
センガクッポダ / キガ / クネヨ

思ったより背が高いですね

> **memo**
> 「背が高い」は키가 크다
> (キガ クダ) で、크다(クダ／
> 大きい) という単語を使います。

키가 더 커졌어
キガ / ト / コジョッソ

背がさらに高くなった

V LIVE ▶

CHAPTER ❻

콧대가 높아요
_{コッテガ} _{ノパヨ}

> **memo**
> 「プライドが高い」
> という悪い意味も
> あるので注意。

鼻筋が高いです

콧대가 부러워요
_{コッテガ} _{プロウォヨ}

鼻筋がうらやましいです

머리색 너무 좋아요
_{モリセク} _{ノム} _{チョアヨ}

髪の色すごくいいです

어떤 머리색이든 잘 어울려요
_{オットン} _{モリセギドゥン} _{チャル} _{オウルリョヨ}

どんな髪色でも似合ってます

너무 귀엽다
_{ノム} _{クィヨプッタ}

すごくかわいい

애들 다 귀여워
_{エドゥル} _タ _{クィヨウォ}

この子たちみんなかわいい

애기애기하네
_{エギエギハネ}

赤ちゃんみたいだね

왜 저렇게 귀여운거야
_{ウェ} _{チョロケ} _{クィヨウンゴヤ}

なんであんなにかわいいの

너 진짜 귀여운 거 알지?
ノ チンッチャ クィヨウン ゴ アルジ

君、ホントにかわいいこと知ってるでしょ？

뭘 해도 귀여워 보여
ムォル ヘド クィヨウォ ボヨ

何してもかわいく見える

— memo —
かわいい言動を
したアイドルに
対しての一言。

말투 너무 귀엽다
マルトゥ ノム クィヨプッタ

話し方すごくかわいい

memo
「話し方」は
말투（マルトゥ）
といいます。

웃는 얼굴만 봐도 눈물이 나
ウンヌン オルグルマン ボァド ヌンムリ ナ

笑っている顔を見ているだけでも涙が出る

언제 이렇게 컸어?
オンジェ イロケ コッソ

いつの間にこんなに大きくなったの？

1년 사이에 애기에서 오빠가 됐네
イルリョン サイエ エギエソ オッパガ ドェンネ

1年の間に子どもからオッパになったね

그렇게 쳐다보면 반칙이야
クロケ チョダボミョン パンチギヤ

そうやって見つめたら反則だよ

얼굴 천재고 전부 천재야
オルグル チョンジェゴ チョンブ チョンジェヤ

顔の天才だし全部天才だよ

memo
얼굴 천재（オルグル チョンジェ／
顔の天才）は顔がとてもかっこ
いい人のことを指します。

V LIVEで会話の勉強を

　リアルな韓国語が詰まっているV LIVEを勉強に活用するのもおすすめ。ハングルと基本的な文法を頭に入れたら、お気に入りの動画を何度も繰り返し見てみましょう。バラエティー番組のようなものより、推しが一人で画面に向かって話しかけてくれる動画のほうが言葉に集中できます。

　最初は日本語字幕をONにして、意味がだいたいわかったら韓国語字幕に切り替え。知らなかった単語やフレーズは辞書などで調べて、ノートに書き出してまとめます。そのノートを見ただけで動画が頭の中で再生されるくらい、何度も繰り返し見たり聞いたりすることが大切です。さらに動画を見ながら、推しが話している言葉を自分でも口に出すようにすると、スピーキングの練習にもなります（声に出せないときは心の中でつぶやいてみてください！）。

　字幕なしでもわかるようになったら、目標達成です。参考書に飽きてしまったり、机に座って勉強するのが苦手な人はぜひ試してみてくださいね。

理解できるまで
何度も繰り返す！

CHAPTER

7

ハングルの説明

韓国語のポイント

1 語順が日本語とほぼ同じ！

韓国語は日本語と基本的に語順が同じです。文章は主語、目的語、述語という順番に並びます。そして名詞などの体言には助詞がつきます。

チョヌン	キガ	クン	サラム	イムニダ
저는	**키가**	**큰**	**사람**	**입니다**
私は	背が	高い	人	です

2 原形は基本使わない！
活用の変化にはルールがある

「食べる」の語幹は"食べ"です。そこから「食べる」「食べます」「食べました」と変形していくのは韓国語も同じ。ただし日本語と違い、動詞は辞書に書いてある原形（語幹＋**다**）のままでは使うことができないので気をつけましょう。

語幹	語尾
먹 食べ	**다** る（原型）
	어요 ます
	었어요 ました

③ ローマ字のように覚えよう！ ハングルの仕組み

ハングルとは韓国語を表記するときに使う文字のことです。ハングルには母音と子音があり、その組み合わせで成り立っています。例えば、ㄱ（k）という子音とㅏ（a）という母音を組み合わせると、가（ka）になります。ローマ字に似ていると考えるとわかりやすいかもしれません。ハングルの組み合わせは基本的に4つのパターンがあります。

子音＋母音の組み合わせ

[1] ヨコの組み合わせ

[2] タテの組み合わせ

子音＋母音＋子音の組み合わせ

[3] ヨコの組み合わせ

[4] タテの組み合わせ

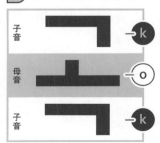

ハングル一覧表

		ㅏ	ㅑ	ㅓ	ㅕ	ㅗ	ㅛ	ㅜ	ㅠ	ㅡ	ㅣ
発音		a	ya	eo	yeo	o	yo	u	yu	eu	i
ㄱ		가	갸	거	겨	고	교	구	규	그	기
語頭 k / 語中 g		カ / ガ	キャ / ギャ	コ / ゴ	キョ / ギョ	コ / ゴ	キョ / ギョ	ク / グ	キュ / ギュ	ク / グ	キ / ギ
ㄴ		나	냐	너	녀	노	뇨	누	뉴	느	니
	n	ナ	ニャ	ノ	ニョ	ノ	ニョ	ヌ	ニュ	ヌ	ニ
ㄷ		다	댜	더	뎌	도	됴	두	듀	드	디
語頭 t / 語中 d		タ / ダ	テャ / デャ	ト / ド	テョ / デョ	ト / ド	テョ / デョ	トゥ / ドゥ	トュ / ドュ	トゥ / ドゥ	ティ / ディ
ㄹ		라	랴	러	려	로	료	루	류	르	리
	r	ラ	リャ	ロ	リョ	ロ	リョ	ル	リュ	ル	リ
ㅁ		마	먀	머	며	모	묘	무	뮤	므	미
	m	マ	ミャ	モ	ミョ	モ	ミョ	ム	ミュ	ム	ミ
ㅂ		바	뱌	버	벼	보	뵤	부	뷰	브	비
語頭 p / 語中 b		パ / バ	ピャ / ビャ	ポ / ボ	ピョ / ビョ	ポ / ボ	ピョ / ビョ	プ / ブ	ピュ / ビュ	プ / ブ	ピ / ビ
ㅅ		사	샤	서	셔	소	쇼	수	슈	스	시
	s	サ	シャ	ソ	ショ	ソ	ショ	ス	シュ	ス	シ
ㅇ		아	야	어	여	오	요	우	유	으	이
		ア	ヤ	オ	ヨ	オ	ヨ	ウ	ユ	ウ	イ
ㅈ		자	쟈	저	져	조	죠	주	쥬	즈	지
語頭 ch / 語中 j		チャ / ジャ	チャ / ジャ	チョ / ジョ	チョ / ジョ	チョ / ジョ	チョ / ジョ	チュ / ジュ	チュ / ジュ	チュ / ジュ	チ / ジ
ㅎ		하	햐	허	혀	호	효	후	휴	흐	히
	h	ハ	ヒャ	ホ	ヒョ	ホ	ヒョ	フ	ヒュ	フ	ヒ
ㅊ		차	챠	처	쳐	초	쵸	추	츄	츠	치
	chh	チャ	チャ	チョ	チョ	チョ	チョ	チュ	チュ	チュ	チ
ㅋ		카	캬	커	켜	코	쿄	쿠	큐	크	키
	kh	カ	キャ	コ	キョ	コ	キョ	ク	キュ	ク	キ
ㅌ		타	탸	터	텨	토	툐	투	튜	트	티
	th	タ	テャ	ト	テョ	ト	テョ	トゥ	トュ	トゥ	ティ
ㅍ		파	퍄	퍼	펴	포	표	푸	퓨	프	피
	ph	パ	ピャ	ポ	ピョ	ポ	ピョ	プ	ピュ	プ	ピ
ㄲ		까	꺄	꺼	껴	꼬	꾜	꾸	뀨	끄	끼
	kk	カ	キャ	コ	キョ	コ	キョ	ク	キュ	ク	キ
ㄸ		따		떠	뗘	또		뚜		뜨	띠
	tt	タ		ト	テョ	ト		トゥ		トゥ	ティ
ㅃ		빠	뺘	뻐	뼈	뽀	뾰	뿌	쀼	쁘	삐
	pp	パ	ピャ	ポ	ピョ	ポ	ピョ	プ	ピュ	プ	ピ
ㅆ		싸		써		쏘	쑈	쑤		쓰	씨
	ss	サ		ソ		ソ	ショ	ス		ス	シ
ㅉ		짜	쨔	쩌	쪄	쪼		쭈	쮸	쯔	찌
	cch	チャ	チャ	チョ	チョ	チョ		チュ	チュ	チュ	チ

→ 平音 (ㄱ～ㅎ)
→ 激音 (ㅊ～ㅍ)
→ 濃音 (ㄲ～ㅉ)

↓ 基本の母音

※本編のカナは実際の発音により近い表記をしているため、一覧表の発音と一致しないものもあります。

合成母音

		ㅐ ae	ㅒ yae	ㅔ e	ㅖ ye	ㅘ wa	ㅙ wae	ㅚ oe	ㅝ wo	ㅞ we	ㅟ wi	ㅢ ui/e
平音												
ㄱ		개	걔	게	계	과	괘	괴	궈	궤	귀	긔
語頭 k		ケ	キェ	ケ	キェ/ケ	クァ	クェ	クェ	クォ	クェ	クィ	キ
語中 g		ゲ	ギェ	ゲ	ギェ/ゲ	グァ	グェ	グェ	グォ	グェ	グィ	ギ
ㄴ		내	냬	네	녜	놔		뇌	눠	눼	뉘	늬
	n	ネ	ニェ	ネ	ニェ/ネ	ヌァ		ヌェ	ヌォ	ヌェ	ヌィ	ニ
ㄷ		대		데	뎨	돠	돼	되	둬	뒈	뒤	듸
語頭 t		テ		テ	テェ/テ	トァ	トェ	トェ	トゥォ	トェ	トゥィ	ティ
語中 d		デ		デ	テェ/デ	ドァ	ドェ	ドェ	ドゥォ	ドェ	ドゥィ	ディ
ㄹ		래		레	례	롸		뢰	뤄	뤠	뤼	
	r	レ		レ	リェ	ルァ		ルェ	ルォ	ルェ	ルィ	
ㅁ		매		메	몌	뫄		뫼	뭐	뭬	뮈	
	m	メ		メ	ミェ/メ	ムァ		ムェ	ムォ	ムェ	ムィ	
ㅂ		배		베	볘	봐	봬	뵈	붜	붸	뷔	
語頭 p		ペ		ペ	ピェ/ペ	プァ	プェ	プェ	プォ	プェ	プィ	
語中 b		ベ		ベ	ビェ/ベ	ブァ	ブェ	ブェ	ブォ	ブェ	ブィ	
ㅅ		새	섀	세	셰	솨	쇄	쇠	숴	쉐	쉬	
	s	セ	シェ	セ	シェ	スァ	スェ	スェ	スォ	スェ	シゥィ	
ㅇ		애	얘	에	예	와	왜	외	워	웨	위	의
		エ	イェ	エ	イェ	ワ	ウェ	ウェ	ウォ	ウェ	ウィ	ウィ
ㅈ		재	쟤	제	졔	좌	좨	죄	줘	줴	쥐	
語頭 chh		チェ	チェ	チェ	チェ	チュア	チュエ	チュエ	チュオ	チュエ	チュィ	
語中 j		ジェ	ジェ	ジェ	ジェ	ジュア	ジュエ	ジュエ	ジュオ	ジュエ	ジュィ	
ㅎ		해		헤	혜	화	홰	회	훠	훼	휘	희
	h	ヘ		ヘ	ヒェ/ヘ	ファ	フェ	フェ	フォ	フェ	フィ	ヒ
激音												
ㅊ		채		체	쳬	촤		최	춰	췌	취	
	chh	チェ		チェ	チェ	チュア		チュエ	チュオ	チュエ	チュィ	
ㅋ		캐		케	켸	콰	쾌	쾨	쿼	퀘	퀴	
	kh	ケ		ケ	キェ/ケ	クァ	クェ	クェ	クォ	クェ	クィ	
ㅌ		태		테	톄	톼	퇘	퇴	퉈	퉤	튀	틔
	th	テ		テ	テェ/テ	トァ	トェ	トェ	トゥォ	トェ	トィ	ティ
ㅍ		패		페	폐	퐈		푀	풔		퓌	
	ph	ペ		ペ	ピェ/ペ	プァ		プェ	プォ		プィ	
濃音												
ㄲ		깨		께	꼐	꽈	꽤	꾀	꿔	꿰	뀌	
	kk	ケ		ケ	キェ/ケ	クァ	クェ	クェ	クォ	クェ	クィ	
ㄸ		때		떼	뗴	똬	뙈	뙤		뛔	뛰	띄
	tt	テ		テ	テ	トァ	トェ	トェ		トェ	トゥィ	ティ
ㅃ		빼		뻬				뾔				
	pp	ペ		ペ				プェ				
ㅆ		쌔	썌	쎄	쎼	쏴	쐐	쐬	쒀	쒜	쒸	씌
	ss	セ	セ	セ	セ	スァ	スェ	スェ	スォ	スェ	スィ	シ
ㅉ		째		쩨		쫘	쫴	쬐	쭤		쮜	
	cch	チェ		チェ		チュア	チュエ	チュエ	チュオ		チュィ	

ハングルあいうえお表

まずは自分の名前をハングルで書いてみよう！

あ	아	い	이	う	우	え	에	お	오
か	가/카	き	기/키	く	구/쿠	け	게/케	こ	고/코
さ	사	し	시	す	스/츠※	せ	세	そ	소
た	다/타	ち	지/치	つ	쓰※	て	데/테	と	도/토
な	나	に	니	ぬ	누	ね	네	の	노
は	하	ひ	히	ふ	후	へ	헤	ほ	호
ま	마	み	미	む	무	め	메	も	모
や	야			ゆ	유			よ	요
ら	라	り	리	る	루	れ	레	ろ	로
わ	와	を	오	ん	ㄴ	っ	ㅅ		

濁音・半濁音

が	가	ぎ	기	ぐ	구	げ	게	ご	고
ざ	자※	じ	지	ず	즈※	ぜ	제※	ぞ	조※
だ	다	ぢ	지	づ	즈※	で	데	ど	도
ば	바	び	비	ぶ	부	べ	베	ぼ	보
ぱ	파	ぴ	피	ぷ	푸	ぺ	페	ぽ	포

その他

きゃ	갸/캬	きゅ	규/큐	きょ	교/쿄
しゃ	샤	しゅ	슈	しょ	쇼
にゃ	냐	にゅ	뉴	にょ	뇨
ひゃ	햐	ひゅ	휴	ひょ	효
みゃ	먀	みゅ	뮤	みょ	묘
りゃ	랴	りゅ	류	りょ	료

ハングルをマスターしたところで、さっそくハングルで自分の名前を書いてみましょう。
この一覧は、日本の五十音にハングルを当てはめたものです。

※マークのものは正確に言うと日本語の発音と同じではありません。

基本の母音は10文字

まずは基本の母音から！ 基本の母音は10文字あります。
音のない子音（無音）oをつけた形で確認しましょう。なお、**아**（ア）に棒を1本足すと**야**（ヤ）、**오**（オ）に棒を1本足すと**요**（ヨ）になるように、覚えやすいものもあります。

아 ア a	日本語の 「ア」とほぼ同じ アドゥル (例) **아들** 息子	**요** ヨ yo	日本語の 「ヨ」とほぼ同じ ヨリ (例) **요리** 料理
야 ヤ ya	日本語の 「ヤ」とほぼ同じ ヤグ (例) **야구** 野球	**우** ウ u	日本語の 「ウ」とほぼ同じ ウドン (例) **우동** うどん
어 オ eo	日本語の「ア」の口で 「オ」 日本語にはない音 オッケ (例) **어깨** 肩	**유** ユ yu	日本語の 「ユ」とほぼ同じ ユリ (例) **유리** ガラス
여 ヨ yeo	日本語の「ア」の口で 「ヨ」 日本語にはない音 ヨジャ (例) **여자** 女	**으** ウ eu	日本語の「イ」の口で 「ウ」 日本語にはない音 ウアク (例) **으악** わっ!
오 オ o	日本語の 「オ」とほぼ同じ オッパ (例) **오빠** お兄さん	**이** イ i	日本語の 「イ」とほぼ同じ イ (例) **이** 歯

組み合わせた母音〈合成母音〉は11文字

基本の母音を組み合わせた母音のことを合成母音といいます。合成母音は11文字あります。難しく聞こえるかもしれませんが、母音と母音の足し算と考えると、文字も発音も覚えやすくなるものもあります（※マークの文字をのぞく）。

※ エ **애** ae	ㅏ + ㅣ アとエの 中間くらいで「エ」 エイン (例) **애인** 恋人	ウェ **웨** we	ㅜ + ㅔ 「ウ」と「エ」を繋いで 発音するように「ウェ」 ウェイト (例) **웨이터** ウェイター
※ エ **에** e	ㅓ + ㅣ 日本語の 「エ」とほぼ同じ エコベク (例) **에코백** エコバッグ	ウィ **위** wi	ㅜ + ㅣ 唇を前に突き出し 「ウ」と「イ」を繋いで 発音するように「ウィ」 ウィチ (例) **위치** 位置
※ イェ **얘** yae	ㅑ + ㅣ 唇を横に引いて 日本語の「イェ」 イェギ (例) **얘기** 話	ウィ／エ **의** ui/e	ㅡ + ㅣ 口を横に開き 「ウ」と「イ」を繋いで 発音するように「ウィ」 ※e(エ)と発音する場合もあります ウィハク (例) **의학** 医学
※ イェ **예** ye	ㅕ + ㅣ 日本語の 「イェ」とほぼ同じ イェヤク (例) **예약** 予約	ワ **와** wa	ㅗ + ㅏ 日本語の 「ワ」とほぼ同じ ワプル (例) **와플** ワッフル
※ ウェ **외** oe	ㅗ + ㅣ 日本語の 「ウェ」とほぼ同じ ウェグク (例) **외국** 外国	ウォ **워** wo	ㅜ + ㅓ 「ウ」と「オ」を繋いで 発音するように「ウォ」 ウォンゴ (例) **원고** 原稿
ウェ **왜** wae	ㅗ + ㅐ 「オ」と「エ」を繋いで 発音するように「ウェ」 ウェ (例) **왜** なぜ		似た発音ごとに 覚えるとわかりやすい！

基本の子音は10文字

基本の子音は10文字あります。母音の ㅏ (a) をつけた形で確認しましょう。

カ **가** ka	日本語の「カ」と ほぼ同じ 語中では「ガ」になる カグ (例) **가구** 家具	**パ** **바** pa	日本語の「パ」と ほぼ同じ 語中では「バ」になる バダ (例) **바다** 海
ナ **나** na	日本語の 「ナ」とほぼ同じ ナナル (例) **나날** 日々	**サ** **사** sa	日本語の 「サ」とほぼ同じ サグァ (例) **사과** りんご
タ **다** ta	日本語の「タ」と ほぼ同じ 語中では「ダ」になる タウム (例) **다음** 次	**ア** **아** a	日本語の 「ア」とほぼ同じ アイス (例) **아이스** アイス
ラ **라** ra	日本語の 「ラ」とほぼ同じ ラミョン (例) **라면** ラーメン	**チャ** **자** cha	日本語の「チャ」と ほぼ同じ 語中では「ジャ」になる チャユ (例) **자유** 自由
マ **마** ma	日本語の 「マ」とほぼ同じ マウム (例) **마음** 心	**ハ** **하** ha	日本語の 「ハ」とほぼ同じ ハヌル (例) **하늘** 空

激音（4文字）と濃音（5文字）

韓国語には、平音（基本子音）のほかに激音と濃音という音があります。日本語にはない音なので、聞き分けるのも言い分けるのも難しいかもしれません。声を届かせる"方向"を意識しながら習得していきましょう。

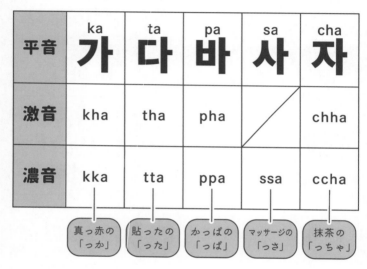

	ka	ta	pa	sa	cha
平音	가	다	바	사	자
激音	kha	tha	pha		chha
濃音	kka	tta	ppa	ssa	ccha

真っ赤の「っか」　貼ったの「った」　かっぱの「っぱ」　マッサージの「っさ」　抹茶の「っちゃ」

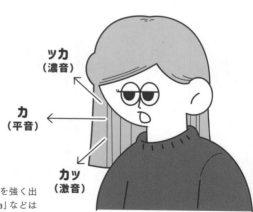

ツカ（濃音）

カ（平音）

カッ（激音）

なお、激音の「h」は息を強く出すという意味で、「kha」などは「カッ」となります。

パッチム

子音＋母音の形のハングルに2つ目の子音（下）がつくことがあり、その子音（下）はパッチムと呼ばれます。パッチムは子音のみ発音するので、カタカナのルビを小さくしてあります。日本語にはない発音なので、集中して聞き取りましょう。

また、紹介している基本的なパッチムのほかに2つの子音が続いている「二重パッチム」と呼ばれるものもあります。

「子音＋母音＋子音」のパターン

ヨコの組み合わせ

タテの組み合わせ

時制

現在形

現在形「〜です／ます」は、動詞や形容詞の語幹に**아요**(アヨ)／**어요**(オヨ)／**여요**(ヨヨ)のどれかをつけます。単語の最後についている**다**(タ)を取ったものが語幹です。

아요(アヨ)／**어요**(オヨ)／**여요**(ヨヨ)の使い分けは語幹の母音によって変わります。例文とともに見ていきましょう。

例1 語幹の母音が ト(a)または ⊥(o) の場合は **아요**(アヨ)

チャダ　　　　　チャ　　 アヨ　　　チャヨ
자다　　**자 + 아요 = 자요**
寝る　　　　　　　　　　　　　　寝ます

チャアヨ
注意⚠ 자아요 とはなりません。

語幹の最後の字が ト(ア)の音でパッチムがない場合は、**아**(ア)は省略されます。

例2 語幹の母音が ト(a), ⊥(o) 以外の母音の場合は **어요**(オヨ)

マシッタ　　　　マシッ　　オヨ　　マシッソヨ
맛있다　　**맛있 + 어요 = 맛있어요**
おいしい　　　　　　　　　　　　　おいしいです

例3 **하다**(ハダ) で終わる場合は **여요**(ヨヨ)

ハダ　　　　　ハ　　ヨヨ　　　ヘヨ
하다　　**하 + 여요 = 해요**
する　　　　　　　　　　　　　します

ハヨヨ
注意⚠ 하여요 とはなりません。

一般的には**하여요**(ハヨヨ)とは言わず、省略した**해요**(ヘヨ)を使います。

過去形

過去形「〜でした／ました」は動詞や形容詞の語幹に**았어요**(アッソヨ)／**었어요**(オッソヨ)／**였어요**(ヨッソヨ)のどれかをつけます。現在形のときと同じように、語幹の母音によって何をつければいいのかが変わってきます。

例1 語幹の母音が ト(a)または ⊥(o)の場合は **았어요**(アッソヨ)

チャダ　　　　　チャ　　アッソヨ　　　チャッソヨ
자다　　**자 + 았어요 = 잤어요**
寝る　チャアッソヨ　　　　　　　　　寝ました

注意⚠ 자았어요 とはなりません。

例2 語幹の母音が ト(a)、ㅗ(o)以外の母音の場合は 었어요(オッソヨ)

マシッタ　　　　マシッ　　　　オッソヨ　　　　　マシッソッソヨ

맛있다　**맛있 + 었어요 = 맛있었어요**

おいしい　　　　　　　　　　　　　おいしかったです

例3 하다(ハダ)で終わる場合は 였어요(ヨッソヨ)

ハダ　　　　ハ　　　ヨッソヨ　　　ヘッソヨ

하다　**하 + 였어요 = 했어요**

する　　　　　　　　　　　　します

ハヨッソヨ

注意⚠ **하였어요** とはなりません。

未来形　未来形「〜するだろう／〜するつもりです」は動詞や形容詞の語幹に
ㄹ게요(ルッケヨ)／겠어요(ケッソヨ)／〜ㄹ거예요(ルッコエヨ)などを
つけます。なので現在形や過去形のように母音を考える必要はありま
せん。単なる未来のことを示すほかに、未来への意思を示す場合もあ
ります。

例1 다(タ)を外した語幹の後ろに - ㄹ게요(ルッケヨ)
またはパッチムがあったら - 을게요 (ウルッケヨ)をつける

チャダ　　　　チャ　　　ルッケヨ　　　　チャルッケヨ

자다　**자 + ㄹ게요 = 잘게요**

寝る　　　　　　　　　　寝ますよ (予定・意思)

例2 다(タ)を外した語幹の後ろに - 겠어요(ケッソヨ)をつける

マシッタ　　　　マシッ　　　ケッソヨ　　　　マシッケッソヨ

맛있다　**맛있 + 겠어요 = 맛있겠어요**

おいしい　　　　　　　　　　おいしそうです (推測・意思)

例3 다(タ)を外した語幹の後ろに - ㄹ 거예요(ル　コエヨ)
または、パッチムがあったら - 을 거예요(ウル　コエヨ)をつける

ハダ　　　　ハ　　ル　　ッコエヨ　　　ハル　　ッコエヨ

하다　**하 + ㄹ 거예요= 할 거예요**

する　　　　　　　　　　するつもりです (予定・推測)

助詞

韓国語の助詞を一覧にしてまとめました。

パッチムあり／なし

～が	이／가	イ／ガ	～の	의	エ
～は	은／는	ウン／ヌン	～に(物・場所)	에	エ
～を、～に	을／를	ウル／ルル	～に(人)	에게	エゲ
～で(手段)	으로／로	ウロ／ロ	～から(時間)	부터	プト
～と	과／와	クァ／ワ	～から・～で(場所)	에서	エソ
～と	이랑・랑	イラン・ラン	～まで(時間・場所)	까지	ッカジ

敬語

日本語の丁寧語にあたる「です／ます」という言い方は、韓国語ではヘヨ (해요)体とハムニダ (합니다)体の2種類があります。

原形	ハダ 하다	する	辞書形。このまま使うことはない
ヘヨ体	ヘヨ 해요	します	会話でもよく使われる親しみのある表現
ハムニダ体	ハムニダ 합니다	します	より丁寧でかしこまった表現

より丁寧な尊敬語の시 (シ)を使い、「～なさいます」と言うこともできます。

ヘヨ体の尊敬語	ハセヨ 하세요	なさいます	尊敬表現の시(シ)と해요(ヘヨ)を合わせた表現
ハムニダ体の尊敬語	ハシムニダ 하십니다	なさいます	尊敬表現の시(シ)と합니다(ハムニダ)を合わせた表現

韓国では上下関係が日本より厳しいので、しっかり使い分けましょう。
また、日本語の「食べる」→「召し上がる」と同様に、単語自体が別の形になる単語もあります。

食べる	モクタ 먹다	→	トゥシダ 드시다	召し上がる
言う	マラダ 말하다	→	マルッスマシダ 말씀하시다	おっしゃる

INDEX

さくいん

INDEX

page.195

page.196

page.197

page.198

page.199

page.200

page.201

page.202

page.203

page.204

page.205

page.206

page.207

page.208

page.209

page.210

page.211

page.213

page.214

page.216

page.217

page.218

page.219

page.220

page.221

page.222

memo

K-POP 動画 SNS 今すぐ使いたい！

韓国語ひとことフレーズ集

2021 年 1 月 20 日　初版発行
2022 年 2 月 5 日　　3 版発行

著者／宍戸 奈美

発行者／青柳 昌行

発行／株式会社KADOKAWA
〒102-8177　東京都千代田区富士見2-13-3
電話　0570-002-301（ナビダイヤル）

印刷所／株式会社加藤文明社印刷所

●お問い合わせ
https://www.kadokawa.co.jp/（「お問い合わせ」へお進みください）
※内容によっては、お答えできない場合があります。
※サポートは日本国内のみとさせていただきます。
※Japanese text only

定価はカバーに表示してあります。